JN114932

ルーマニア クッキング

ヴィーガンデトックスレシピ45

スクタリウともこ 著

セルバ出版

【レシピ1】(p56)
「サルマーレ」…ルーマニア式ロールキャベツ

【レシピ2】(p58)
「サラタ デ ヴァルザ」…キャベツサラダ

【レシピ3】(p60)
「スパ デ スフェクラ」…ビーツのスープ

【レシピ4】(p62)
「キフテーレ デ カルトフィ シ チウペルチ」
…じゃがいもとマッシュルームのキフテーレ〜コロッケのようなもの

【レシピ 5】(p64)
「スパ デ ドブレアック」…パンプキンスープ

【レシピ 6】(p66)
「ムラトリ」…ピクルス

【レシピ7】(p68)
「ピラフ ク レグメ デ トアムナ」…秋野菜のピラフ

【レシピ8】(p70)
サラタ デ ヴィネテ プラジーテ」…揚げナスのサラダ

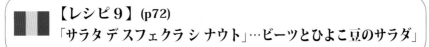

【レシピ 9 】 (p72)
「サラタ デスフェクラ シ ナウト」…ビーツとひよこ豆のサラダ」

【レシピ 11 】 (p74)
「サラタ デ アルディ シ ファソーレ ベルディ」
　…インゲンとパプリカのサラダ

【レシピ 13】(p78)
「ヌカ クミエレ」… ナッツのはちみつ漬け

【レシピ 14】(p79)
「アルディ マリナット」…パプリカのマリネ

【レシピ 16】(p82)
「ママリガ ク スムントナ ヴェジターラ デ ソイ」
　…ポレンタに、豆乳ベースのホワイトソースを添えたもの

【レシピ 18】(p86)
「シュニッツエル デ チウペルチ」…マッシュルームの揚げ物

【レシピ 19】(p87)
「サラタ デ ブフ」…ルーマニア式ポテトサラダ

【レシピ 20】(p88)
「サラタ シンプラ デ カストラベッティ シウストロイ」
…きゅうりとガーリックのシンプルサラダ

【レシピ 22】(p91)
「ジェム デ フィグ」…いちじくのジャム

【レシピ 26】(p98)
「チョルバ デ レグメ」
…ルーマニア式野菜の酸味のあるスープ

【レシピ 27】(p100)
「コリバ」…もち麦入りの甘いケーキ

【レシピ 28】(p102)
「サラタ デ ヴィネテ」…焼きナスのペースト

【レシピ 29】(p103)
「パスタ デ コノピーダ」…カリフワラーのペースト

【レシピ 30】(p104)
「ファソーレ バチュラ」…白インゲン豆のディップ

【レシピ 31】(p106)
「スパ デ ファソーレ ロシ」
　…レッドキドニービーンズのスープ

【レシピ 32】(p108)
「ザクスカ」
　…トマトベースでパプリカやナスなどを煮込んだソース

13

【レシピ 33】(p110)
「アルディ ウンプラッツィ」
　　…パプリカのご飯＆野菜詰めのトマト煮

【レシピ 34】(p112)
「スパ デ ペリショアーレ」…小麦粉団子のスープ

【レシピ 35】(p113)
「カルトフィ プラジティ ク ローズマリン」
…ポテトフライ ローズマリー添え

【レシピ 36】(p114)
「スパ クレマ デ ブロッコリー」…ブロッコリーのポタージュ

【レシピ 37】(p116)
「マゼレデ ポスト」…グリンピースの肉断食レシピ

【レシピ 43】(p124)
「トッカーナ デレグメ デ ヴァーラ」
…夏野菜のトマトシチュー

はじめに

　皆さん、ブナ　ジィウア（こんにちは）

　初めまして！　ルーマニア料理研究家のスクタリウともこです。

　私は、2006 年、海外の語学学校から仕事のオファーをいただき、日本から遠く離れた南半球のニュージーランドのオークランドへ移り住むことになりました。

　当時、30 歳を過ぎていた私は、「ニュージーランドで永住権を取得して、ここに一生住むんだ！」くらいの心意気で渡ったのです。

　ニュージーランドでの約 2 年の就業中に、今まさに本書のタイトルでもある「ルーマニア」という国の人と生まれて初めて会話をし、そしてひょんなことから、生まれて初めて知り合った東欧のルーマニア人と結婚しました。

　ニュージーランドでの結婚後、ニュージーランドで申請をした永住権がうまく取得できなかったこともあり、2008 年、夫の故郷であるルーマニアに移って暮らすことになりました。

　それまで、カナダやニュージーランドで 5 年ほど、暮らした経験があったものの、西欧文化とはある意味全く違う、東欧のルーマニアの人々の性格・暮らし・文化・習慣などに、最初は面食らいました。

　ですが、暮らしていくうちに、ルーマニアの人々の素朴さ・人懐っこさに心魅かれ、また昔からの食生活を守っている様にも感動を覚えて、自然と好きになりました。

ポスト料理との出会い

　ルーマニアの暮らしでは料理が口に合いました。とてもおいしかったので、ルーマニアの家庭料理を習いたいと思いました。夫の母は私たちが結婚してすぐに亡くなっていたため、リタイア前までコックをやっていた夫の父の姉（伯母）にお願いしました。

　そこで出会ったのが、ルーマニアの「ポスト（＊ルーマニア正教の教えで、肉・乳製品などを一切摂らない期間。長いと 40 日間くらい）料理」。ルーマニアの人々は、この時期を「身体と魂の浄化の時期」とも呼んでいます。

日本にある材料でも簡単にできるので、ポスト料理にどんどん嵌まっていく自分がいました。

人の身体の摂理にかなう料理

　この肉断食「ポスト料理」は、肉・乳製品などを抜くことになっていますが、これはルーマニアの宗教的要素と自然が調和したもので、人間の身体の摂理にかなっています。

　春の肉断食期は冬に溜まった老廃物を、たくさんの春野菜（ネギ、にんにく、たんぽぽの葉など）を摂取することで、排出し、免疫力をあげる効果があります。

　また冬の肉断食期には、夏や秋に収穫した酢漬け（発酵させた）パプリカ、キャベツなどの野菜を摂取することで、デトックス効果を上げることができます。

　ポスト料理はまだ日本には上陸していないけれども、日本にある材料で簡単にできます。

　ポスト料理を食べることで、私たちの身体は自然と共存できます。

　そこで、野菜を豊富に摂取でき、しかも健康的にダイエッにも効果的な「ルーマニア式　簡単デトックスレシピ」を、皆さまの食生活に取り入れていただけたらと思い、本書を執筆するに至りました。

　本書がたくさんの皆さまに、届きますように！

　2021 年 4 月

　　　　　　　　　　　　　　　　　　　　　スクタリウともこ

ルーマニアクッキング　ヴィーガンデトックスレシピ45　目次

はじめに

第1章　「ルーマニア」と私の出会い

第2章　簡単ルーマニアヴィーガンデトックスレシピ　前半25レシピ

第 3 章　簡単ルーマニアヴィーガンデトックスレシピ　後半20レシピ

第4章　ルーマニア人の食生活＆伝統行事

おわりに

第1章
「ルーマニア」と私の出会い

1 南半球で「ルーマニア人配偶者」との出会い

未知の国「ルーマニア」との出会い

私は、2003 年に 7 年ほど勤めていた日本の会社を退職し、北米カナダにあるバンクーバーで、留学そしてワーキングホリデーを経験しました。

ふとあることがきっかけで、2006 年にニュージーランドのオークランドにある語学学校から仕事のオファーをいただき、日本から遠く離れた南半球のニュージーランドへ移り住むことになりました。

当時 30 歳を過ぎていた私の中の人生設計は、「このまま仕事を続けて、頑張ってニュージーランドで永住権を取得し、ゆくゆくはニュージーランド人と結婚するのかなぁ」というものでした。

まさかこの 2 年の就業の中で、それまでの人生で全く縁もゆかりもなかった「ルーマニア」という国が、とても身近な存在になり、人生を大きく変えることになるとは思ってもみませんでした。

夫とは、友達の紹介で知り合いました。そのときまで私の人生でルーマニア人とは、会ったことも、もちろん会話を交わしたこともありません。ルーマニアに関して知っている情報といえば、ドラキュラ伝説とモントリオールオリンピックメダリストのナディア・コマネチさんくらいです。

世界地図の中のどの辺にあるのかも定かではありませんでした。ただ、夫と知り合う前にエピソードが 1 つあります。今でも仲良くさせていただいているのですが、オークランドで、中東欧のスロバキア人男性と日本人女性のカップルと知り合いました。

そのスロバキア人男性（スロバキアの人とも人生で初めて知り合いました！）から中東欧スロバキアのことを教えてもらったり、また国民食ともいえる「グラーシュ」というスープ（ポーランドやハンガリーでもよく食べられています）をご馳走になったりしました。

私を含め、日本人というのはフランスやドイツ、スイス、イギリスなど西

欧（西欧）のことは、旅行に行ったり、テレビでも取り上げられていたり、その国の料理屋さんが日本にもたくさんあるので、情報がいろいろと自然にインプットされています。

しかし、ハンガリー、ポーランド、セルビア、ブルガリア、スロバキア、チェコなど中東欧のことは、情報も少なく、あまり馴染みもないでしょう。

「同じヨーロッパなのに、西のことはよく知っているのに、中央・東のことは全然わかってないな」と強く感じ、自分の人生の中で、全く興味のなかった中東欧にも、少しずつ興味を持ち始めた自分がいました。

そんな中、「日本人と友達になりたいルーマニア人がいるよ」と友人から声をかけてもらいました。中東欧に興味を持ち始めた私は「ルーマニアかぁ。今までスロバキアのことはちょっと知ることができたし、美味しいご飯もご馳走になった。今度はルーマニアについて、色々教えてもらおう！」くらいの軽い気持ちで、まずは会ってみることにしました。その彼こそが後に夫となる人です。

親日家の彼

お寿司が好きという彼のリクエストで、当時オークランドで流行っていた回転寿司屋さんへ行きました。「なぜ遠いルーマニアから、南半球のニュージーランドに来たのか」と質問すると、ビジネス英語を勉強しにきていたとのことです。

ルーマニアは世界の中のどんなところにあって、どんな国だ（自然豊かで、中世のヨーロッパの雰囲気が色濃く残っている国）とか、「ドラキュラ伝説は、よくおどろおどろしく語られるけど、本当は悲恋の切ない物語だ」など日本人が知らないことについて、たくさん教えてもらいました。

また、「小さい頃から日本に興味があって、大人になってから日本に観光で行ったことがあるよ」という話もしてくれました。彼の幼い頃というのは、後に国民より処刑されてしまうチャウシェスク大統領の共産圏の時代です。情報規制も厳しかった時代で、「日本の情報など鎖国状態にあったルーマニアに入ってこなかったのではないか」と私は思いました。

実は当時同じ共産圏グループの１つであった「中国」の情報は結構入って

きており、カンフーなど中国の映画を見ることはできました。日本の文化も「忍者」など、中国経由で知ることができたのです。

　そして夫の今は亡き母は、とても読書家で、日本の昔話をよく話して聞かせてくれたそうです。そこで、夫はまだ見ぬオリエンタルな国「日本」に憧れ、興味を持ったのでした。

　彼は20代で友人に会うために初めて来日したそうです。日本人の親切で勤勉なところ、街並みが美しく安全なこと、和食の美味しさなどを知ったと話してくれました。

　それまで私はたった一度も「ルーマニア」というものに興味がなかったのに、夫の日本への熱い想いにとても驚き、感動しました。

　その日の会話で、私が留学中に滞在していたバンクーバーのアパートの3ブロック先が、たまたま同時期に滞在していた彼のアパートメントであることがわかりました。また彼が日本に滞在していた時期も、ちょうど私がカナダから帰国した頃で、同じ時期に東京に住んでいたこともわかりました。

ルーマニア人と結婚

　カナダでも東京でも知り合えなかったのに、こんなお互いの故郷ルーマニア・日本から遠く離れたニュージーランドで知り合う奇跡。

　「驚きだよね！」みたいな会話で盛り上がり、急速に親しくなった私たち。その後、何と知り合って3か月でスピード結婚しました。

　今までもちろん行ったこともなく、どこにあるのかすら定かではなかった「ルーマニア」の人との結婚です。

　予期しない人生の幕開けは、こうして始まりました。

　私たちはニュージーランドで結婚式を挙げました。そのとき教会の神父さまに言われた言葉がとても印象的でした。

　「1つのお皿の中に、ポテト（ルーマニア人がよく食べているので、ルーマニア人の例え）とお米（日本人の主食なので、日本人の例え）がバランスよく盛り付けられてないといけません。『ポテトが美味しいから、ポテトだけ』とか『お米が美味しいから、お米だけ』というのはダメです」

要は「お互い、主張だけするのではなく、ルーマニアと日本という全く違う国同士のバランスを取りなさい」ということをおっしゃりたかったようです。いまだにこの言葉はよく覚えています。

　こうして晴れて夫婦になった私たち。本当は当時ニュージーランドでの永住を夫婦で目指していたのですが、どうやら2人ともニュージーランドにずっと住むというご縁はなかったようです。

　永住権の取得が思ったようにスムーズに行かず、夫は当時体調を崩していたルーマニアの実母の看病のためにルーマニアに一時帰国しました。私も日本で少しやらなければならないことがあり、ニュージーランドの就労ビザが切れる直前で日本へ帰国。暫くルーマニア⇔日本で別居婚状態になりました。

　そして数か月後、いよいよ今まで想像にもしなかった未知の国「ルーマニア」へ足を踏み入れることになります。日本からルーマニアまでは直通便（*1）がないため、私はイタリア・ミラノ経由でルーマニアへ入りました。

　今までヨーロッパの中で行ったことがある国は、ドイツ、フランス、スイス、イギリスなどの、いわゆる「西」欧の国々。しかも観光で訪れたのみ。ポーランド、ブルガリア、ルーマニアなど「東」欧の国のことは、自分にとっては未知の領域でした。

　今回は「観光」ではなく、実際に「住んでみる」ということで、かなりの緊張と不安で、飛行機の中ではあまり眠れませんでした。

(*1)2021年1月現在も、日本からルーマニアまで直通便は開通していませんが、ヨーロッパの主要都市（イタリア、フランス、ロシアなど）に入れば、ほぼ首都ブカレストにあるアンリ・コアンダ国際空港（オトペニという地域にあるので、以前はオトペニ空港と呼ばれていた）に飛ぶことができます。ルーマニアの国際空港は、この1つのみ。イスタンブール経由（トルコ航空）や、ドーハ経由（カタール航空）なども人気があります。

【図表1　ルーマニア基本情報】

人口：1941 万人（2019 年時点）
面積：約 23.8 平方キロメートル（本州とほぼ同じ）
首都：ブカレスト（約人口 215 万人）
民族：ルーマニア人（83.5%）ハンガリー人（6.1%）など
言語：ルーマニア語（公用語）ハンガリー語
宗教：ルーマニア正教、カトリック
通貨：レイ (Lei)

ルーマニア地図

（出典：外務省データ）

2 「ルーマニア料理」との出会い

初めてルーマニアで暮らす

　イタリアを経由し、「アンリ・コアンダ空港」で、久々に夫と再会しました。アンリ・コアンダ空港は、ルーマニア唯一の国際空港なのですが、日本でいう地方空港くらいの規模であることに少し驚きました。

　東欧に足を踏み入れたことは、生まれて初めての経験です。

　これから始まる未知の国ルーマニアでの暮らしに胸が高鳴りました。

　ただ、「私、やっていけるのかな？」という不安が急に襲ってきました。ルーマニアの公用語は「ルーマニア語」だったからです。カナダ・ニュージーランドで英語を日常生活レベルで話せても、ルーマニアでの英語は一般的ではありません。後ほど1章の4の「ルーマニア語について」でお伝えしますが、ルーマニア語は日本人の私にとって非常に難しい言語でした。

　空港からは夫の車で移動しましたが、夫の実家があるモルドヴァ地方（*1）までは、とても長い道のりでした。日本と違い、高速道路などもないため、車で約12時間。道は舗装されてないところも多く、「車がガタンゴトンと揺れていたなぁ」と今も懐かしく思い出します。

　その道中にびっくりしたことは、車道に馬車（ルーマニア語で「カルツァ」といいます）も一緒に走っていることです！（図表2）

　後で夫に聞きましたところ、馬車もちゃんと車両登録しているそうです。でも、やっぱり車も走っている道路なので、馬が何だか心配でした。人を乗せるというより、薪など荷物の運搬に使われているようです。

　到着早々に遭遇した状況に面を食らってしまいました。これから始まるルーマニアでの生活を想像して楽しみ半分、不安半分な気持ちでした。

（*1）モルドヴァ地方とは、ルーマニアの北東部にあたり、ルーマニアでとても有
　　　名な詩人「ミハイ・エミネスク」生誕の地である。ルーマニア第3の都市で

ある「ヤシ」もこの地方にあたる。夫の実家は、このモルドヴァ地方の中にある「ヴァスルイ」という地域。

【図表2　道路を走る馬車】

夫の家族との対面

　日本出発から乗り換えも入れると、約2日半が経過して、ようやく夫の家族たちが住む、夫の実家に着きました。初めて夫の家族との対面です。

　夫は4人兄妹の長男です。下に弟2人、妹が1人います。お義父さん、弟家族、妹家族と初対面を果たしました。残念なことに、療養中でした義母は、私がルーマニアに移り住む前に、脳梗塞で突然帰らぬ人となっていたのです。

　お義父さんをはじめとする家族全員が、日本人どころか、アジア人すらも見たこともなかったため、人生で初めてみる日本人に興味津々のようでした。

　しかし、義理の妹（夫の弟のお嫁さん）以外は、皆英語を全く話すことができませんでした。

　一生懸命、日本で覚えてきたルーマニア語の挨拶をしてみましたが、その後の会話が全く続きません（笑）。今でもそのときのことを昨日のことのよ

うに思い出します。本当にルーマニア語には苦労しました。

　姪っ子や、甥っ子たち(その後、どんどん甥っ子たちは増えていくのですが、その当時でさえ5人もいます！)に日本から持ってきたお菓子やら、お土産やらを配り、ルーマニア生活初日は終了しました。

　当時、夫のアパートはまだ改装中で、人が住める状況ではなかったため、唯一英語が話せた（笑）お嫁さんのいる弟一家のアパートにしばらく居候させていただくことになりました。

　義理の妹の名前は「ダナ」です。私はルーマニアから帰国して、もう10年以上も経った今も連絡を取り合い、仲良くしてもらっています。

　初日終了後、弟夫婦の自宅で、あまりの疲れに早々にシャワーを浴び、早めに眠りにつくことにしました。しかし、時差ボケとこれからの生活の不安のせいで、すぐに眠ることはできませんでした。

ルーマニアでの生活・「ルーマニア料理」との出会い

　こうして始まったルーマニアでの生活。

　昼間、夫は弟と一緒に仕事をしていたため、私は基本ずっと家にいることにしました。夫は「街」と呼んでいましたが、人口5000人くらいの小さい「村」での生活です。義理の妹ダナには、本当にお世話になり、慣れないルーマニアでの生活を色々と支えてくれました。

　ダナには本格的に、ルーマニア料理を習うことはありませんでしたが（コックだった伯母にルーマニア料理のイロハを習うことになります）、ダナがつくってくれる野菜たっぷりのルーマニア料理は本当に美味しく、初めてのルーマニア生活で、孤独を感じていた私の心を癒してくれました。

　普段、ダナとは一緒に買い物にいったり、私が限られた材料の中ですが、和食をつくったり、それを彼女は美味しそうに食べてくれたり。今でもいい思い出です。

　ルーマニアに来て驚いたのは、野菜の味が濃いというか、生命力があるというか、味が日本で食べているものと違い、しっかりしていることです。また物価が安いこともあります（物価だけでなく賃金も安いのです。夫の実家のある地域は、平均月収が500-600ユーロくらい）。

どれも安くて新鮮なものばかりです。車に乗って「ピアッツア」（大きな市場）に行って、色んな食べ物を見たり買ったりするのも、ルーマニアでの生活の楽しみの1つでした。

　私がまず好きになったのは、1品で野菜が7種類くらい1度に摂取できる「チョルバ (Ciorbă)」というルーマニアでよく飲まれているスープです。

　チョルバというのは、諸説ありますが、ペルシャ語の「shor（塩辛い）」と「ba（煮込み）」に由来するものと言われています。

　このスープの一番の特徴は、酸味があること（ルーマニア在住時に、お義父さんにイタリアのミネストローネをつくったら「このチョルバは酸味がなくて変だ」と言われました）。

　このチョルバは、日本でいう「お味噌汁」のような存在で、鶏肉・豚肉・牛肉でつくることもあれば、魚メインでつくることもありますし、今回第2章でお伝えする「野菜」だけのチョルバのときもあります。

　またベースとなるのは、トマトだったり、サワークリームだったり、はたまたヨーグルトだったりと多岐にわたります。

　ルーマニアの冬は寒いです。場所にもよりますが、私の住んでいた冬はマイナス30℃でした。なので、全体的に煮込み系の料理が多かったです。

　ちなみにルーマニアは内陸国です。領土内に「黒海」はありますが、海ではないため、淡水魚しか獲れず、あまり魚が食卓にあがることはありませんでした。もちろん魚を好む家庭もありますが、豚・鶏・牛などの「肉」と、新鮮で味のしっかりしている「野菜」との組み合わせが多いと感じました。

　義妹ダナがつくってくれるルーマニア料理を毎日食べていくうちに、「ボルシュなどの材料は日本では手に入らないけれども、野菜は日本に売っているものだし、日本でもつくれそうだな」と私は思いました。

　しかもルーマニア料理は、野菜たっぷりで、優しい味。日本人の口にも合いそうです。「いつか日本に帰国したときに、この味を日本に広めていけたら」と漠然と頭の片隅で考えるようになりました。

言葉の壁

　ルーマニアでの生活が始まってみて感じたのは、やはり日本で考えていた

とおり、「言葉の壁」が一番大きかったということです。

　1989 年に共産圏が崩壊するまでは英語教育は学校で行われていなかったため、特に年配の方々は英語を話せない人が多く（ロシア語が話せたりする）また私の姪っ子や甥っ子たちのように、まだ未就学児の子どもたちは、学校で英語を習っていないので、やはりコミュニケーションのツールは「ルーマニア語」になります。

　「ルーマニア語をきちんと勉強したいな」と私は義妹ダナに話し、探してきてくれたルーマニアの中学校の英語の先生に家庭教師を担当してもらい、英語⇔ルーマニア語でのレッスンを週に 3 回ほど受けました。

　またダナには妹がいるのですが、妹が当時通っていた中学校校長先生にお願いしてもらい、「小さな国際交流」と題して、日本語の授業のボランティアを経験しました。

　生徒さんたちの名前をカタカナで黒板に書いてあげたら、みんな凄く喜んでいました。ノートに書いて、何度も練習している子たちもいて、かわいらしかったです。街中で会うと「こんにちは」と日本語で話しかけてくれたことも、今でもよい思い出です。

　ルーマニアの都市部には、比較的アジア人も住んでいます。日本人は少なく、中国の方が多いです。外務省のデータによれば、2020 年 4 月現在の在留日本人の数は 344 名。夫の住む小さな町には、アジア人はゼロ。生まれてこのかたアジア人を見たことがない人たちばかりでした。

　大袈裟ではなく街を歩いていると、見知らぬお婆さんが口をあんぐり開けて、私のことをマジマジと見ていることがよくありました（笑）。

　「このアジアの女の子は一体、どこからやってきたのだ？　なぜこんなところにいるんだ？」と思ったのでしょうね。ちなみにルーマニアの方にとって、アジア人は若く見えるらしいです。滞在当時、私はもう 30 歳を過ぎていましたが、10 代後半から 20 代前半に見られていたようです。

　ルーマニア語を勉強したり、日本語のボランティアをしたり、市場にダナたちと買い物にいったり、そんな風に過ごしているうちに、ルーマニアでの暮らしに次第に慣れていき、あっという間に半年の日々が過ぎていました。

3 最初は面食らったルーマニアの人々の習慣・性格

陽気で明るいルーマニア人

ルーマニアで暮らしていくうちに、言葉はできないながらも、たくさんのルーマニアの人たちと接していてまず感じたことは、ルーマニア人は「陽気で明るい」ということです。私は、ルーマニアで暮らすまで、そもそも「ルーマニア」・「ルーマニア人」に対して、確固たるイメージそのものがほとんどありませんでした。

ルーマニアで覚えていたことは、私が幼い頃だった 1989 年、共産圏が崩壊する瞬間を目にしたことです。当時のチャウシェスク大統領夫妻が失脚、射殺されたときに、日本でもそのニュースを何度も観ました（今でしたら、コンプライアンスに引っ掛かりそうですが、当時は処刑後の映像がどのテレビ局でも流れていました）。

だから、「ルーマニア＝怖い国なのでは？」というイメージが幼心にはありました。東欧というと、「建物（集合住宅）も灰色で人々も、鬱屈として陰気なのではないか？」「暗くて気難しい人たちが住んでいるのでは？」と思っていました（ルーマニア人に怒られそうですが…笑）。

ラテン系民族のルーマニア人

ルーマニアに移り住むまで、お恥ずかしながら全く知りませんでしたが、ポーランド、ハンガリー、ブルガリア、セルビア、クロアチアなど数ある「東欧諸国」の中で唯一ラテン系民族であるのが「ルーマニア」です。

ルーマニアは英語で書くと「Romania」ですが、この表記からもわかるように、元々「Romania」とはラテン語で「ローマ人（ローマ市民）の土地」という意味があるのです。

言語形態もルーマニア語は一番イタリア語に近いですし、今日「ルーマニア人」と呼ばれている人たちは、ローマ帝国の末裔とルーマニアに元々住ん

でいた「ダキア人」の混血だと言われています。

素朴で温かい人たち

実際に色々話してみたり接してみたりすると、「人懐っこくて親切な人が多いな」というのが印象でした。

また「私が、私が！」とあまり自己主張をしない性格なところも、日本人には合う感じがしたのです。

もちろん皆が皆同じ性格というわけではありませんが、私のルーマニアの人たちのいいなと思うところは「素朴で温かいところ」です。

ルーマニアで暮らしていくうち、ルーマニアの人たちの温かさに触れ、言葉はあまりわからないながらも、私の心は癒されていきました。

やはりラテン気質ということもあると思うのですが、細かいことをあまり気にしない「大らかさ」が私には合っていたようでした。

今でも仲良くなった親戚や友人たちは SNS を通して、誕生日やクリスマスなどにこまめに連絡をくれ、そのたびに私の心はほっこり温かくなります。

言いたいことは言うルーマニア人

逆に、ルーマニア人に触れてみて、一番驚いたといいますか、最初慣れなかったのは「言いたいこと、自分の気持ちをはっきり言うところ」です。暮らし始めた頃はとても面食らいました。

日本では、そのときに思ったことがあっても「こんなことを言ったら、気を悪くするかな」とか「こんなことを言ったら傷つくかな」とか、またその場の空気を読んで、自分の思ったことを言うのを控えたり、また逆に思ったことと違う言葉を発したりします。

日本人にはよくある光景だと思います。私もルーマニアで暮らす前は、留学生活もありましたが、日本にいるときには、やはり言いたいことを控えることは多々ありました。

とにかくルーマニア人は、つつみ隠さず思ったことをストレートに言う人が多いです（笑）。例えば家のルールだったり、地域のルールだったり、私

が移り住んだばかりの頃も色々と言われました。そこを「これはこうしないとダメだ」とか「なんでこうやったの？」みたいな感じで言われると、最初はすごく責められたように感じて、悲しかったです。

　最初は「そんな風に言わなくても……」といちいち傷付いたりしていましたが、向こうは言いたいことを言った後は、ケロッとしているというか、後に引きずらないのです。

　何かについて、議論するときも、「朋子は、そう思うかもしれないけど、私はそうは思わない。私はこう思う」と言われることが多かったです。

　最初は自分の意見を否定された訳ではないと思いつつ、何となく否定された気持ちになっていました。

　ルーマニアの人たちは、言いたいことを言ったら、もうそこでおしまい。後から「実はあのときさ、こうこう思っていて。」「あのとき、ああ言っていたけど、本当はそうは思ってなくて……」みたいなことを言われたことは一度もありませんでした。その場で言いたいことを言ったら、すっきり、そこで終わりなのです。

　逆に日本にいたときは「この人はこういう風に口では言っているけれども、本当の気持ちは違うんじゃないか？」とか「私がこういう風に言ってしまって嫌な思いをしているんじゃないか？」とか、その場の雰囲気や、その人の表情を読み取るみたいなことしていました。日本は、その場の空気感を読むことが非常に大切です。

　ルーマニアの人たちと接するときには、「その人の表情を読み取ったり、空気を読んだりみたいなことは必要ない」とわかってからは、ルーマニア人とのお付き合いが楽になりました。余計なことを考えなくても済むと言いますか、「よいものはよい」と言うし、「嫌なものは嫌」と言います。

　夫は逆に、日本で暮らし始めて「日本人は、顔ではニコニコしてるけれども、お腹の中では何を考えているかがわからなくて怖い」と話していて、「なるほどな。逆のスタンスから見ると、そんなふうに感じるのか」と新鮮でした。

　ルーマニアで暮らしていく中で、言葉はできないながらも「私はこう思う」「これはよい、これは嫌だ」とはっきりその場で口にするようになっていき

ました。まさにルーマニア人化と言ってよいでしょう（笑）。

　日本に帰国してからは、日本に順応できるように、また日本式に戻しています。ただ、ルーマニアにたまに帰国すると、「ルーマニア人モード」に切り替わっていくのを感じます（笑）。

踊りが大好きなルーマニア人

　またルーマニアの暮らしの中で、とても驚いたのが「ルーマニア人は踊りが大好き！」ということです（図表３）。

　日本と違い、小さい頃から民族舞踊を踊る機会が多いようで、ルーマニア正教徒になることをお祝いする「洗礼式」（だいたい子どもが生後３〜４か月くらいに開催することが多い。日本でいうお宮参りくらいの時期が多い）、お誕生日パーティー（特に１歳の誕生日は盛大にお祝いする）や結婚式では、夕方レセプションが始まってから、ずっと踊り続けます。

　朝まで踊り続けます。下手すると、次の日になってもパーティーは続き、休憩を取りながらひたすらに踊っています。

【図表３　ルーマニア民族舞踊】

　また、例えば家族で自宅にて食事をとっているときに、例えばラジオを流していて、そこから音楽が流れてきたりすると、フォーク・スプーンを食卓

において「じゃあ、踊りましょうか！」と言われたときには本当にびっくりしました（笑）。本当に「踊り（舞踊）」というものが、生活にしみついていることをしみじみ感じたものでした。

　ちなみに私の姪っこの1人は、ルーマニア舞踊研究会に所属し、ルーマニアの民族衣装を着て、踊りの練習に励んでいるようです。

　踊りが日常生活の一部になっているようなルーマニアの人々の中に、放りこまれたような私。踊りといえば地元で行われる夏祭りの「盆踊り」くらいでした。

　ですが、ルーマニアに移り住んでからは、やはり「郷に入っては郷に従え」ということで、結婚式から洗礼式、誕生日会まで踊りまくる彼らの輪の中に入り、下手ながらも、何とか皆んなに合わせて踊るよう頑張っていました（笑）。

4　ルーマニア語について

ラテン語習得経験がないと難しい……ルーマニア語

　ルーマニアで暮らすようになって、一番苦労したのは、国民性よりも何よりも「ルーマニア語」でした。

　英語は留学先のカナダや、就業先のニュージーランドである程度話してきましたが、ルーマニア語は全く未知の言葉でした。思った以上に家族や親戚が英語を話さないということもあり、ルーマニア語の習得は生活していく上で必須でした。

　ルーマニア語は、スペイン語、フランス語、イタリア語などと同じく、ローマ帝国の公用語であったラテン語を母国語とする語です。これらの言語はラテン語に由来するので「ラテン系言語」または「ロマンス語」と呼ばれています。

　ルーマニア語は、「ルーマニア」とお隣にある、以前はソ連領だった「モ

ルドヴァ共和国」の２つの国の公用語です（ちなみにモルドヴァ共和国の人たちは、ロシア語を話す人たちが多いです）。

　２つの国を中心に約 2200 万人の人たちがルーマニア語を話すと言われています。

　ちなみにルーマニア語には、27 個のアルファベットがあります（基本英語にとてもよく似ています）が、ă,â,ț,ș などのように英語にはないアルファベットもあります。

ルーマニア語の文法

　発音については、日本語のローマ字読みをすればよいものが多く、英語よりも抑揚を求められないので、その辺りはとっつきやすいです。

　ルーマニア語の中で、難しいのはやはり「文法」です。

　私が特に苦労したのは、名詞が「男性名詞」「女性名詞」「中性名詞」の３つに分かれること。

　ラテン語ならば、当たり前かもしれませんが、英語にも日本語にもない概念です。

　英語だと、例えば男性の恋人（Boy friend）でも、女性の恋人 (Girl friend) でも、「私の」とつける場合には「My」と付ければいいですよね？

　ところが、ルーマニア語の場合は、女性が男性の恋人のことを言う場合には、Iubitul meu(ユビトゥル メウ) というように、My の部分は Meu に変わりますが、男性が女性のことをいうときには、Iubita mea（ユビタ　ミャ）のように、My の部分が Mea に変化します。

　まず名詞が男性名詞、女性名詞、中性名詞のどれに当たるのかを瞬時に考えなくてはならず、これに「単数」「複数」の概念が入ってくるので、ますますややこしいのです。

　名詞が、単数の場合「私の」に当たる男性名詞につく Meu は、複数になると Mei に変わり、女性名詞につく Mea は Mele に変わります。いまだに全然慣れない文法です。

　大学時代に、英語ももちろんなのですが、ラテン系の言語（フランス語やイタリア語など）を勉強しておけばよかったな、とつくづく思うのです。

ルーマニア語の挨拶

　ここで、いくつか、ルーマニア語の挨拶についてご紹介させていただきたいと思います。

【図表4　ルーマニア語の挨拶】

Bună dimineata（ブナ ディミネアツァ）…おはようございます
Bună ziua（ブナ　ズィワ）… こんにちは
Bună seara（ブナ　セアラ）… こんばんは
Da. / Nu.（ダ / ヌ）… はい／いいえ
Multumesc　（ムルツメスク）… ありがとう
Cu plăcere (ク　プラチェレ)… どういたしまして
Sărut mâna!（サルムナ！）…　手にキスを （男性から女性にする挨拶。本当に男性が女性の手にキスをすることもあるので、最初はとても面喰いました）
La revedere!（ラ レベデーレ）… さようなら！ （若い人たちは簡単に「Pa（パ）！」だけで済ますこともあります。パ、パ！など言っているのを街中で何度もききましたよ！）
Noapte bună (ノアプテ　ブナ)… おやすみなさい
Ce mai faci?（チェ マイ ファッチ？）… ご機嫌いかがですか？ 親しい間柄で使う言葉。目上の人に言うときには「Ce mai faceti?（チェ マイ ファチェツィ）と言います。どちらの相手にも「Bine, multumesc　（ビーネ、ムルツメスク）と答えればよいです。
La multi ani！(ラ ムルツィ アニ！)… おめでとう！ 新年やクリスマスをお祝いするときや、誕生日・結婚式などでよく使われます。直訳すると「たくさんの年を」といった意味になります。
Noroc！(ノロック！)… 乾杯！ ルーマニア人が乾杯するときには欠かせない一言。
Poftim?（ポフティム？）…　今、何といいましたか？ 英語でいうところの「Pardon?」とほぼ同じです。

Te rog! (テ ログ！) …お願いします（目下の人や、年下の人に使う表現）。
目上の人に言うときに Va rog! （ヴァ　ログ）と言います。

Îmi pare bine de cunostintă
(ウミ パーレ ビーネ デクノシュティンツァ) …初めまして。
英語でいうところの「Nice to meet you」（お会いできて嬉しいです）とほ
ぼ同じ意味です。

　いかがでしたでしょうか？　ここに掲載させていただいたのは、ほんの一
部ですが、ルーマニアにご旅行される機会などありましたら、ぜひ使ってみ
てください！

5　ルーマニアの魅力

手つかずの自然がふんだんに残る
　ルーマニアに住むようになって、ルーマニア国内すべてをまわることはで
きませんでしたが、時間を見つけてちょこちょこ国内を旅しました。
　ルーマニア、本当にたくさんの見どころがあるのですが、都市部を歩けば、
中世のヨーロッパを彷彿させる美しい街並みを堪能することができます。東
欧は西欧諸国と比べて、よくも悪くも開発されてないところがあると感じま
す。
　だからこそ、古いヨーロッパの雰囲気が色濃く残っているのでしょう。少
し都市部から車を走らせれば、手つかずの自然がふんだんに残されています。

世界遺産「木造教会群」
　ウクライナの国境に近い、昔ながらの「自給自足」の生活様式を守って
いるルーマニア最北部にある「マラムレシュ」地方は、驚くほどの素晴ら

しい田園風景が残っており、マラムレシュ木造教会群（Biserici de lemn din Maramures）の8つの教会が世界遺産に登録されています。

　人々も素朴で温かくこの地方は「ルーマニアの良心」と言われることもあります。伝統的な木工技術でつくられた教会や民家の門が多数あり、観光客の目を楽しませてくれます。

世界遺産「ドナウデルタ」

　またルーマニアの世界遺産の中で、唯一「自然世界遺産」として登録されているのが「ドナウデルタ」。「ドナウ川」がオーストリアやハンガリーから流れてきて、最終的に「黒海」に注ぎこまれるのですが、そのドナウ川にできた湿地帯は「ドナウデルタ」（Delta Dunării）と呼ばれ、ヨーロッパの人々はこの地を「ヨーロッパ最後の秘境」と呼ぶこともあります。

　ペリカンの大群が見られることでも知られ、時期的には5月から7月がオススメです。

シギショアラの旧市街

　ルーマニアの世界遺産のオススメといえば、おとぎの国に紛れ込んだような気持ちにさせてくれる「シギショアラの旧市街 (Centrul istoric din Sighisoara)」です。カラフルな建物が並び「トランシルヴァニアの宝石箱」と呼ばれています。

　この「トランシルヴァニア」というのは地方の名前ですが、ラテン語で「森の彼方」を意味します。位置としては、ルーマニアの北部、カルパチア山脈沿いから東にかけての地域になります。

ドラキュラ

　日本でルーマニアといえば、小説「ドラキュラ」を思い浮かべる方も多いのではないでしょうか。15世紀のルーマニアに実在していた、ヴラド・ツェペシュ（ヴラド3世）がこの小説のモデルです。

　当時敵だったオスマン帝国の兵士や自国の民や貴族を串刺しにして一列に並べたという逸話があり、ルーマニア語で「串刺し」を意味する「ツェペシ

ュ」というあだ名で呼ばれていました。

　また悪魔公と呼ばれた暴君の父親の影響で、ルーマニア語で悪魔の子を意味する「Dracula」というあだ名も持っていて、これがドラキュラという名前の由来と言われています。

　このヴラド3世の祖父にあたるヴラド1世が建てたお城が、ブラン城です。このトランシルヴァニア地方の「ブラショフ」という都市近郊にあり、そのお城は現在「ドラキュラ城」として知られ、観光名所の1つになっています。

　お城の調度品などを見ることもでき、お城の周りにはドラキュラをモチーフにした皿やカップなどのお土産屋さんが並び、観光客には人気です（図表5・6）。

【図表5　ドラキュラの皿】

【図表6　ドラキュラ壁掛け】

ルーマニアの四季

ルーマニアにも日本と同じように四季があります。

3月1日には、「迎春」を祝う「マルティショール」というお祭りがあり、街中の至るところには、春をお祝いする美しい花々で溢れます。

また夏には、鮮やかに広がるひまわり畑が見られます。夏は、日本と違って湿度が低めなため、暑いことは暑いですが、とても快適に過ごせます。

夏を満喫しようと、ルーマニア南東に位置する港湾都市である「コンスタンツァ」のビーチでバカンスを楽しむことができます。

秋には、春小麦の収穫が行われ、金色の大地が広がります。

ルーマニアはヨーロッパ第5位のワイン生産国として知られていますが、葡萄の収穫をするのは秋です。

夫の実家でもワインをつくっていて、自宅の裏庭に葡萄畑があり、秋になると葡萄をみんなで収穫し、ブナの木の樽で摘んだ葡萄を足で踏んで、ワインをつくったことを思い出します（日本と違い、醸造酒を自宅で造っても、罪に問われません！）。

冬は一面の銀世界が広がります（地域にもよりますが、マイナス30℃くらいになります）。埼玉出身で、クリスマスのときにホワイトクリスマスを体験したことがなかった私は、人生で初めてのホワイトクリスマスに感動したものです。

またクリスマスといえば、ドイツなどで「クリスマスマーケット」が有名ですが、ルーマニアもなかなか素敵です。色々なクリスマス雑貨が売っていたり、スパイスの効いたホットワインで身体を温めることができたりします。

ルーマニアの魅力「素朴な温かさ」

ルーマニアの魅力を、一言でお伝えするとしたら、人々がまず素朴で温かいことです。

そして、お料理の味もすごく素朴です。決して派手さはないのですが、温かみがあってすごくホッとする味で、毎日食べても飽きません。

またルーマニアの各地を訪れましたが、大自然の中にもあるのは、何というかルーマニアらしいほっこりとした素朴さでした。

人々の暮らしも「自然」と共存していて、スーパーに行けば、ほとんどのものが手に入りますが、ジャムやコンポート、ピクルス、西洋わさびなど手づくりできるものは、何でも手づくりしています。

私はもちろん戦後生まれですが、「昔の日本ってこんな感じだったのかな」、「古きよき日本は、今のルーマニアに通ずるところがあるのかな」と感じます。

今の日本が遠い昔に忘れてきてしまった「何か」がルーマニアには残っているのではないかと思うのです。

芸術大国のルーマニア

私もルーマニアに移り住む前は、オペラ、バレエというのは「西欧」のイメージがあったのですが、首都のブカレストを始めとした大きな都市では、オペラ・バレエの公演が盛んです。

ルーマニアで、日本からのバレエ留学の斡旋をされている留学エージェントの方に、お会いしたこともあります。

また演劇も盛んで、世界三大演劇祭の1つは、ルーマニアのシビウというところで開催されています（図表7）。

ルーマニアの人々は芸術を心底愛していて、生活に欠かせないものの1つになっています。

【図表7　シビウ国際演劇祭】

6 料理人だった伯母に弟子入り。ルーマニア料理修行！

モルドヴァ地方から、トランシルヴァニアへ。

　日本からルーマニアへ移住してから、最初に住んでいたのは、ルーマニア北東部に位置する「モルドヴァ地方」にあるヴァスルイという地域でした。ここで色々な意味でルーマニアの洗礼（特に言語・文化）を受けました。

　義妹ダナがつくってくれるルーマニア料理を堪能したり、和食を何とか有り合わせの材料でつくって披露したり、日本語のボランティアをしたり、たくさんいる甥っ子や姪っ子たちと遊んだり（当時まだ小学校にあがる前で可愛かったです♪）、ルーマニア人と喧嘩したり（笑）しているうちに、だいぶ生活には慣れてきました。

　そして私のルーマニア料理の師匠となる伯母（夫の父の姉）家族が住むトランシルヴァニアの「ブラショフ市」に移り住むことになりました。住居が決まるまでの数か月間、今度は伯母家族が住む家に居候させてもらっていました（笑）。

　なおブラショフ市は、東京都武蔵野市と約40年近くの交流があり（2020東京オリンピックのルーマニアのホストタウンに選出されていました）、私が住んでいたエリアからバスで30分ほどのところに「Musashino center（武蔵野センター）」という立派な建物があります。

　そこでたくさんのルーマニアの若者たちが日本の文化や言語に触れ、勉強している姿を見てびっくりしました（私の住んでいたエリアでは、アジア人そのものを見たことがない人たちが多かったので……）。

　また本当に短い間でしたが、日本語のクラスのボランティアにも参加させていただきました。

　ブラショフは、私が住んでいたヴァスルイ市とは違い、都会（ルーマニア第2の都市）なので、誰も私が街中を歩いてもジロジロ見ないことが快適でした（笑）。またブラショフ市の魅力は都会と自然がとてもいい感じで融

合しているところ。私のお気に入りの場所の1つとなりました。

この味を日本に広めるために、ルーマニア料理修行

　ブラショフ市に移り住んで少し経った頃、伯母（夫の父の姉）がつくってくれる料理がとても美味しく魅了されました。聞けば、伯母はルーマニア国営レストランでコックとして30年以上勤務していたと言うのです。まさしくルーマニア料理のプロでした！

　海外に住んだことはありましたが、東欧「ルーマニア」での暮らしは、楽しいこともももちろんありましたが、慣れないことの連続（特に言語に苦労しました）で、そんな私の心を癒してくれたのは、義理の妹のダナ、そして伯母の料理でした。

　ルーマニアは、農業国ということもあり、料理はハーブと野菜を多用したものが多いです。また伯母の家族は敬虔なルーマニア正教徒の家庭だったため、肉断食（ポスト）のときに食べる野菜のみの料理も、とても美味でした。ルーマニアの野菜は本当に新鮮で美味しく、また伯母のつくる素材の味を楽しむシンプルな味づけに魅かれました。

　日本人である自分の「舌」にも、とても合う味でしたので「この味を日本の人たちにも広めたい！」という思いを抱き、「伯母から料理の手ほどきを受けられないか？」と夫を介してお願いすることにしたのです。

　当時、伯母はリタイアして自宅に居たため、ある程度時間があり、この申し出を快諾してくれて、私の料理修行は始まりました。伯母は英語を話しませんので、私のつたないルーマニア語は、本当にわかりづらかったと思います。

　意思の疎通がうまくできずに悔しい思いをしたこともありましたが、習っていたのはお料理でしたので、「何グラム塩を入れる。ここで混ぜる」などの料理の手順は、言葉ができなくても、何とか理解することはできました。メモを取ったり、写真を撮ったり、実際につくって食べてもらったりなどと約半年くらいで80～90くらいのレパートリーを教えてもらいました。

　伯母の料理の中で私が好きだったのは野菜たっぷりの「Ciorbă（チョルバ）」と、ルーマニアのロールキャベツ「Sarmale（サルマーレ）」です。本当に美

味しかったですね。

　こうしてルーマニアを去るときには、私の何冊かのノートにはたくさんのルーマニア料理レシピが並び、「帰国したらこんなお料理を出したいな」、「生徒さん来てくださるかな」、「どんなお料理が喜んでもらえるのかな」など期待に胸膨らませながら、帰国したのでした。

ルーマニア料理とは

　「ルーマニア料理」。18世紀オスマン帝国領から、ハプスブルク家のハンガリー王国領となったため、隣国の旧ユーゴスラビアやブルガリアと比べ、トルコ料理の影響が比較的少ないことが特徴で、セルビア料理、オーストリア料理、ハンガリー料理の影響が見られる（出典：Wikipedia）。

　ルーマニア独自の素朴で優しい味の、美味しいお料理がたくさんあります。日本人の口にもとてもよく合います。

　代表的なものとしては、次のとおりです。

・サルマーレ　　Sarmale：ルーマニア風ロールキャベツ
　　　　　　　　　　　　※発酵したキャベツでつくるのが特徴
・チョルバ　　　 Ciorbă：具だくさんの肉と野菜の煮込みスープ
・ミティティ　　 Mititei：豚や羊などのひき肉団子
・ファソーレ バチュタ Fasole bătută：インゲン豆の料理

　郷土の煮込み料理やスープの種類が多く、ボルシチや、ムサカやグラーシュなどの周辺諸国の料理も食文化に随所、取り入れられています。

　主食は、基本はパンですが、料理によってはママリガ（Mămăligă）というトウモロコシを粗く挽いて粉にし、お粥のように煮てから、牛乳やバターを混ぜ込んで食べたりもしています（牛乳・バターを入れず、お湯で溶くだけのこともあります）。

　イタリアの「ポレンタ」という料理に似ていて、見かけは多少黄色味の強いマッシュポテトに似ています。

　ルーマニアは、トウモロコシの生産に適した天候・土壌に恵まれており、

トウモロコシは小麦に次ぐ生産高です。

ママリガ（Mămăligă）

　このママリガという食べ物（図表8）は、私が住んでいたモルドヴァ地方では主食として食べます。首都があるブカレストでは付け合わせとして食べるようです。地域によって、同じ料理でも料理としての位置づけが違うのは面白いです。

【図表8　ママリガ（Mămăligă）】

7　Mâncăre de post（ムンカーレ デ ポスト）
ルーマニア式肉断食とは何か？

ルーマニアの肉断食って？

　私は夫の伯母の家で、料理を食べたり習ったりするときに、まず不思議なことに気づきました。

　伯母たちが、自宅にあるカレンダーを指差しながら「この日からポスト（肉断食）だね」のような話をしているのです。

　ルーマニア語の表記のカレンダー（ルーマニア正教会が発行したもの）な

ので、詳しく何が書いてあるかはよくわからなかったのですが、ルーマニア正教の決まりで「肉断食」（肉以外にも、卵、チーズ、バター、牛乳など動物性のものを一切抜く）をする時期について、確認していたようでした。

【図表9　ルーマニア正教カレンダー】

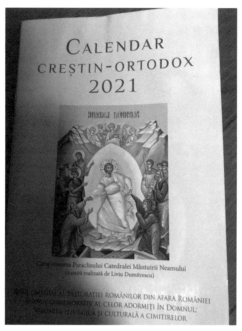

ルーマニアの肉断食の時期

　ルーマニアに住んでいたときには詳しくわかっていなかったのですが、今回本書を執筆するにあたり、国立市にあるルーマニア正教会のダニエル司祭のご協力も得ながら、ルーマニアの肉断食についてまとめてみました。

　ルーマニア人たち(正確に言うと、ルーマニア正教徒たち。人口の約8割と言われています)の肉断食の時期は、大きく分けて次の4つの時期があります。

①四旬節（レント）…復活祭前の7週間

②ペンタコスタ（復活祭の50日後）の8日後の月曜日から、聖ペトロとパウロの祭日の前日である6月28日までの最小1週間から最大6週間

③聖母マリアのお眠りの日である8月15日前の2週間（8月1日から14日まで）

④クリスマスまでの40日間（11月15日から12月24日まで）

　復活祭というのは、ご存じの方も多いかもしれませんが、その年によって、日にちが変わるので、何月何日とはここには記載できませんが、東方教会の復活祭は4月から5月にかけてのことが多いです。

　この4回の日程の他に、聖職者の方々などは、基本毎週水曜日・金曜日に肉断食をしています。水曜日と金曜日に肉断食をするのは、ユダがキリストを裏切ったのが水曜日で、キリストが十字架にかけられ「亡くなった」のが金曜日だからだと言われています。

基本食べられない物

　「断食」といっても、イスラム教の「ラマダン」のように全く食べられなくなるわけではなく、基本的には動物性のものを食べることが禁じられます。

　基本食べられないのは、肉・牛乳・チーズ・バター・卵・魚など動物性のものです。ただし肉断食中でもカレンダーの中に「魚」の絵が描いてある日があり、その日は魚を食べてもOKです。また、魚卵や甲殻類を食べるのは、禁止されていません。

　なおレント（復活祭前の7週間）とは、イエスキリストが宣教生活に入る前に、砂漠で40日間過ごすことに倣っており、他に年に3回ある肉断食の中で一番厳しいようです。

　この時期にはオリーブオイルやキャノーラ油などの「オイル」類も摂取することが禁じられています。

　食事の制限は初期キリスト教時代に遡り、ユダヤ教で行われていた習慣の一部を引き継いだのではないかと言われています。

　ただし、面白いところは、「肉断食を守らなくてもよい」ところです。

肉断食（ポスト）を守る家庭・守らない家庭

　というのも、今回本書を書くにあたり、ルーマニアに住んでいる友人たち

に「ポストについて、色々教えてー」とお願いしたところ、「うちは、肉断食（ポスト）をやってないから、よくわからないんだよね」という回答がとても多かったのです。また振り返ってみると、夫の実家や兄弟の家におじゃましていたときも毎日「肉」をバリバリ食べていました（笑）。料理を教えてくれた伯母の家は、敬虔な正教徒の家庭だったのです。

　守る家庭と守らない家庭があることを、本書を書く前からとても疑問に思っていて、ルーマニア正教会　ダニエル司祭に伺ったところ、「（本当は守るのが好ましいが）我々は、個人の意思や自由を尊重しているのだ」と言う話を伺いました。

　厳しいようでいて、緩やかな断食は、ルーマニアの国民性に合っています。

　私が、仲良くなったルーマニア人の友人曰く、「ポスト（肉断食）は、“魂”と“身体”の浄化時期なんだよ！」とのことで、「この友人の言葉も私がルーマニアの肉断食をもっと極めたい。本書も執筆してみたい」と思ったきっかけになりました。

　たしかに復活祭や、クリスマスがひとたび始まれば、肉がたーっぷり入ったご馳走・ご馳走・ご馳走の毎日。胃腸が休まる暇がありません。そんな日々が始まる前に、身体を植物性のものだけを摂取し、身体を清めていくというのは、宗教的にだけではなく、肉体的にも理にかなっているのだと思います。

　私自身も、基本はルーマニア正教のカレンダーに沿って約半年、ルーマニア式肉断食を試してみたところ、約6kgの減量に成功しました。

　最初は動物性のものを摂らないと物足りない感じがしたのですが、やはり必然的に野菜をたくさん摂取するので、肉断食中は、身体も軽かったですし、頭もすっきりすると言うか、クリアになった感じがしました。

東方キリスト教会の肉断食の影響調査

　肉断食（ポスト）が身体にどんな影響をもたらすのか。BMC Public Health 2003に掲載されていました東方キリスト教会　断食における血清脂質と肥満に対する影響について、図表10を紹介したいと思います。

【図表 10　東方キリスト教会の肉断食の影響調査】

東方キリスト教会　断食における血清脂質と肥満に対する影響

出典：BMC Public Health 2003

https://bmcpublichealth.biomedcentral.com/articles/10.1186/1471-2458-3-16

【背景】

これまでなされてきた研究というのは、キリスト正教徒の断食（肉断食）が、血清リポ　蛋白質、及び肥満に対しての影響に、まだ焦点を当てているものはない。

【メソッド（方法）】

120 人の成人、ギリシャ正教徒（ルーマニアと肉断食の仕方はほぼ同じ）を 1 年間観察する。半分の 60 人の正教徒は 1 年間に 4 回定期的に肉断食をし（断食者群）、残り 60 人は全く 1 年間、断食を実行しなかった（非断食者群）。断食を決行した時期は、①四旬節（復活祭前の 7 週間）、ペンタコスタ（復活祭の後の 50 日後から最小 1 週間から最大 6 週間・・・最高で 91 日間だが、今回研究対象になったのは 48 日間

②聖母マリアのお眠りの日である 8/15 前の 2 週間、

③クリスマス前の 40 日間

3 つの期間　×2（断食者群、非断食者群）＝合計 6 期間の肉断食前、また肉断食後に採血をし、血清リポ蛋白質の分析、及び人体測定を含む、を 1 年間の間に行い統計をとった。

【結果】

断食者群の断食期間後の総コレステロール（TC）および低比重リポ蛋白コレステロール（LDL-C）には統計的に大きな差異が検出された。

断食者群は、非断食者群に比べ、断食期間後の TC は 12.5%（p<0.001）、LDL-C は 15.9%（p<0.001）、また BMI は 1.5%（p<0.001）低かった。

断食期間後の LDL/HDL 比は、断食者群の方が低かった（6.5%、p<0.05）が、断食期間後の HDL-C 変化（4.6% 減）は大きなものではなかった。断食者群

には、断食期間前後の数値比較でも、同様の結果が検出された。非断食群には変化が検出されなかった。

→結果の概要

　断食をしたグループと、しなかったグループでは、総コレステロール値（TC）、低比重リポ蛋白コレステロール値（LDL-C…いわゆる悪玉コレステロール）が、断食をしなかったグループが、殆ど変化がなかったのに対して、肉断食をしたグループは、断食前に比べ、総コレステロール値が 12.5% 低かった。また低比重リポ蛋白コレステロール値は、15.9% 低くなり、BMI（体格指数）は 1.5% 低くなった。

　やはりコレステロール値は、動物性のものを摂取しないと低くなるということがこの調査結果にも出ています。

　次章からは、いよいよルーマニアの肉断食のときに食べる料理（ムンカーレ デ ポスト Mâncăre de post… ムンカーレは "料理" いう意味。肉断食料理という意味）のレシピを紹介していきます。

　まず日本の皆さんにとって「ルーマニア料理」自体、想像がつかないでしょう。いきなり「ルーマニアのデトックスレシピ」と言われても、ピンとこないかもしれませんが、皆さんが通常スーパーで購入するような食材や、調味料で、簡単につくれるものばかりです。

　本書を読んで、たくさんの野菜を摂取し、心身共に「デトックス」の機会をつくっていただけたら嬉しいです。

第2章
簡単ルーマニアヴィーガン
デトックスレシピ
前半 25 レシピ

※レシピの野菜の効能に関しては「旬の食材百科」を参照。
https://foodslink.jp/syokuzaihyakka/syun/Vegetable-top.html

サルマーレ（Sarmale）…ルーマニア式ロールキャベツ

ルーマニアの伝統的料理と言えばこの「サルマーレ」。

小さく包み放射線状に鍋に敷き詰めていくのが特徴です。

通常はお肉とお米を中にいれますが、肉断食の時期にはお米、野菜、ナッツ類で。歯ごたえもあり、美味しいですよ！

【材料 4 人分】

キャベツ 1/4 個、玉ねぎ（長ねぎ 1/3 も可）小 1 個、ニンジン 1/2 本、お米（洗ってざるにあげたもの）1 ½ カップ、マッシュルーム 3 個、くるみ 30g、ローレル 1-2 枚、フレッシュディル適量、タイム適量、イタリアンパセリ適量、トマト大 1/2 個、塩こしょう少々、トマトピューレ 1 カップ、ハーブブイヨン（ベジータ＊）、大さじ 3、オリーブオイルもしくはキャノーラ油大さじ 2、水 30-40cc

＊ベジータ（VEGETA）…添加物・動物性のものが一切入っていないクロアチア産のハーブブイヨン。

本書ではハーブブイヨンはベジータを使用します。

【つくり方】

①玉ねぎ、ニンジン、マッシュルームをみじん切りにする。油大さじ 2 と共に、玉ねぎが黄金色になり、しんなりするまで炒める。

②そこに水分を切ったお米を入れ 10 分ほど炒める。水 30-40cc を足して、お米を膨張させ、ロールキャベツの具としてキャベツに巻けるよう、少し粘り気をもたせる。

③②をボウルにあげ、そこに、トマトピューレ（1/2 カップ）砕いたくるみ、塩、こしょう、ハーブブイヨン大さじ 1 ½、ディル、タイム、イタリアンパセリのみじん切りを入れて混ぜる。

④ロールキャベツ用にキャベツをゆでる。ゆでたキャベツは少し冷やしてお
　く（ロールキャベツとして大きさが足りないキャベツや芯の部分はみじん
　切りにしておく）。

⑤④のキャベツに③でつくったタネ（米、野菜、調味料、トマトピューレが
　入ったもの）を中央に乗せ巻いていく。

　＊日本で通常つくるロールキャベツに比べて、かなり小さめです。

⑥芯など、みじん切りにしたキャベツをまずは鍋に敷き詰め、その上に⑤を
　放射線状に鍋に敷き詰めていき、残りのトマトピューレ（1/2 カップ）、
　ハーフブイヨン大さじ 1 ½を、ローリエ 1 枚も入れる。

⑦並べたロールキャベツがいっぱいになったら、みじん切りしたキャベツを
　載せ、更にロールキャベツを載せていく。

⑧ロールキャベツを敷き詰めたら、水をヒタヒタになるくらいまで入れる 。

⑨その上にみじん切りにした生のトマトを入れタイムをかける 。

⑩コトコト 1 時間強煮込んで、水分がなくなってきたら、できあがり！

【レシピ1　サルマーレ（Sarmale）……ルーマニア式ロールキャベツ】

　ルーマニアでは通常発酵したキャベツでつくります。ぶどうの酢漬けでつ
くることもあります。

サラタ デ ヴァルザ（Salată de varză）…キャベツサラダ

レモンの酸味と、ディルの爽やかな風味がマッチしたサラダ。

キャベツは別名「食べる薬」とも言われています。

胃の粘膜の再生や胃潰瘍の治療に効果があるビタミンUやビタミンKを豊富に含んでいる「キャベツ」を飽きることなく、たくさん食べることができます！

【材料4人分】

キャベツ1個、パプリカ1個、レモン2個、玉葱1/4個、セロリ1本（茎の部分のみ）、オリーブオイル適量、塩こしょう適量、フレッシュディル（できれば生タイプ）適量、ハーブブイヨン大さじ1 ½

【つくり方】

①キャベツは細かく刻み（芯も使って）水にさらす。

　→水をよく切り、塩でキャベツをもみこむ。

②セロリは細かく刻み、パプリカは細長く切る。玉ねぎは粗みじんに切る。

③水分をよく切った①と②を混ぜ、ハーブブイヨン、オリーブオイル、塩こしょうで味つけした後、レモンを絞って入れる。

④最後にディルを適量振りかけ、できあがり。

★ハーブブイヨンについて

私は、ルーマニアに住んでいたときによく使っていたのは、添加物や動物性のものが全く入っていない、クロアチア産のハーブブイヨン、ベジータ（VEGETA）でした。現在は日本でもインターネットで購入が可能です。

【レシピ2　サラダ デ ヴァルザ（Salată de varză）…キャベツサラダ】

★キャベツの効能★

　ルーマニア人はキャベツが大好き！　スープに入れたり、ロールキャベツ（サルマーレ）、サラダに入れたり、大活躍です。

　キャベツは、ビタミンUが多く含まれることでも知られ、ビタミンUは別名「キャベジン」と呼ばれています。胃や十二指腸の健康を保つことに優れた効果があります。

　またキャベツは、ビタミンUだけでなく、ビタミンKも豊富に含んでおり、血液凝固作用により、止血が早くなったり、かすり傷などの治りが早くなる効果が期待できます。

　このほかキャベツに多く含まれる「カルシウム」は、骨や歯の構成要素であることは知られていますが、「イライラしたらカルシウムを摂る」というように精神的な興奮や緊張を和らげる効果もあります。

　ちなみにキャベツは大きく分けて３つのシーズン（春・夏・冬キャベツ）がありますが、サラダにするのには、柔らかい春か夏キャベツがオススメです。ぜひ試してみてください。

スパ デ スフェクラ（Supă de sfeclă）…ビーツのスープ

　ビーツは、ミネラル、ビタミンB、食物繊維など、栄養が豊富なことで知られ、むくみや高血圧の予防にもよいとされています。女性の強い味方です！

　ルーマニアに住む前は、ビーツを使って調理することは、ほとんどありませんでしたが（たまにもらったりしても、どうしていいかわかりませんでした）、ルーマニアではたくさんのビーツ料理が出てきます。

　サラダにしてもよいですし、今回のようにスープにしてもよいです。皆さんも、栄養たっぷりのビーツをぜひ調理してみてください！

【材料4人分】

　赤ビーツ缶詰2缶（800g）玉ねぎ大1個、水500g、じゃがいも1個、塩少々、黒こしょう少々、オリーブオイル適量、ローリエ1枚、ハーブブイヨン小さじ1（お好みで）、粉末タイム適量、フレッシュディル適量

【つくり方】

①玉ねぎはみじん切りし、じゃがいもは皮を剥いて一口大に切っておく。

②鍋にオリーブオイルを引き、玉ねぎを炒める。軽くきつね色になってきたら、そこにじゃがいも、水（お好みでハーブブイヨン小さじ1）、ローリエ1枚、黒コショウを加え、野菜が柔らかくなるまで煮る。その後ローリエは取り出す。

③ビーツは缶詰から取りだし、粗みじんに切っておく。

④③を②の鍋に入れ、ビーツと他の野菜達が馴染むまで軽くかき混ぜながらひと煮たちさせる。塩こしょうで味を調える。

⑤粗熱が取れたら、ハンディミキサーかブレンダーでなめらかになるまでよく混ぜる。なめらかになったら、お皿に盛りつけ、上にフレッシュディルを添えて、できあがり。

【レシピ3　スパ デ スフェクラ（Supă de sfeclă）…ビーツのスープ】

　今回ご紹介したスープですが、このスープの「もったり」とした、とろみのある食感は、動物性の材料でいうと「生クリーム」などですが、植物性の材料でいうと「じゃがいも」のでんぷん質が、そのとろみをうまいこと出してくれます。このスープは見た目もピンクっぽく鮮やかで、女性に喜ばれる1品であることに間違いなし！

　ビーツに含まれる硝酸塩は体内でNO（一酸化窒素）に変化しますが、NOは血管の筋肉を柔軟にし、血流をよくする働きがあります。血管を柔らかくする働きもあり、血管の中で血栓の発生を防ぐとも言われていて、動脈硬化の予防にもつながります。

　最近は美容・ダイエット目的でビーツを取り入れる方も増えているようです。血行が促進されることで、基礎代謝の向上につながるため、脂肪を燃焼しやすい体質がつくられます。

　その他にも、ビーツにはカリウム、ナトリウム、カルシウムなどのミネラルや、ナイアシン、パントテン酸などのビタミンB類、食物繊維などが含まれるなど、他の作物にはなかなかない成分も含まれています。

キフテーレ デ カルトフィ シ チウペルチ
（Chiftele de cartofi și ciuperc）
…じゃがいもとマッシュルームのキフテーレ〜コロッケのようなもの

　マッシュルームは、ビタミンB2, B6, 食物繊維などが多く含まれ、お肌の調子を整えるのに最適な食材の1つです。

　キフテーレは、元々Meat ball（肉団子）のような意味合いのようですが、もっとサイズの大きいハンバーグのときにも使います。

　普段は鶏肉や豚肉のミンチも入れてつくりますが、肉断食の時期には、お肉は入れず、じゃがいも、マッシュルーム、玉ねぎと動物性の材料なしでつくります。お好みでパプリカパウダーやクミンなどのスパイスを入れても、エスニックな感じで楽しめます。

【材料4人分】
　じゃがいも大3個、玉ねぎ1個、マッシュルーム（白）8個、にんにく1かけ、キャノーラ油適量（揚げる用）、塩こしょう適量、小麦粉適量

【つくり方】
①じゃがいもは皮を剥き、細かく刻んでおく。

②玉ねぎ、にんにくはみじん切り、マッシュルームは粗みじんに切る。すべてを油で軽く炒める。

③①のじゃがいもをたっぷりのお湯で茹でる。

④③のじゃがいもをボウルにあげマッシュし、塩こしょうを振った後、炒めた②の野菜を混ぜる。

⑤④を俵型に成形し、その上に小麦粉をまぶす。

⑥160℃の油で、⑤をこんがりキツネ色になるまで揚げる。

【レシピ4　キフテーレ デ カルトフィ シ チウペルチ
(Chiftele de cartofi si ciuperc)
…じゃがいもとマッシュルームのキフテーレ～コロッケのようなもの】

ルーマニアのキノコ

　今回のキフテーレで味のアクセントになっているのは「マッシュルーム」
です。ちなみに、ルーマニアの一般的なキノコと言うと、「マッシュルームか、
ポルチーニ茸くらいかな」と思います。

　日本のように椎茸、舞茸、しめじ、えのき、マツタケ、ぶなしめじなど沢
山の種類が店頭に並ぶことは、あまりありませんが、キノコは食卓には欠か
せない食材として出てきます。

　マッシュルームは、キノコ類の中では、比較的カロリーは低いです。その
一方、栄養バランスに優れていて、ビタミンBや食物繊維も多く含まれてい
ます。

　またカリウム（ミネラルの一種）が多く、血圧上昇やむくみの予防にも有
効です。「銅」も多く含まれることで、コラーゲンの生成にも不可欠な栄養。
骨や皮膚を健康的に保ってくれます。

スパ デ ドブレアック（Supă de dovleac）…パンプキンスープ

　秋になるとホクホクと美味しいかぼちゃは免疫力をアップしたり、抗酸化作用で老化を防止したりする効能があります。クミンで少し大人な味に仕上げました。

【材料4人分】

　かぼちゃ 1/2 個、ハーブブイヨン大さじ 1 、水 400cc、
　玉ねぎ1個、粉末クミンパウダー少々、タイム少々、ナツメグ少々、
　パセリ少々、塩こしょう少々、オリーブオイル大さじ2

【つくり方】

①玉ねぎはみじん切りし、かぼちゃは適当な大きさに切ります（かぼちゃは皮をはいでおく。小さめのほうが早く煮えます）。

②鍋にオリーブオイル大さじ1を熱し、玉ねぎを炒める。軽くきつね色になったら、そこに水、ハーブブイヨン、タイム、クミンパウダー、かぼちゃを加え、すべて味が馴染み、かぼちゃが柔らかくなるまで火を通す(弱火で約7分)

③塩こしょうで味を調える。

④ハンディミキサーかブレンダーで、なめらかになるまでよく混ぜる。

⑤その後、もう一度鍋に戻し、ひと煮立ちさせた後、お皿に盛りつける。その際クミンとこしょうを一振りする。最後に残りのオリーブオイルをかける。

★かぼちゃの効能★

　かぼちゃは、ビタミン A 、C 、E が豊富に含まれており、ウィルスや細菌の侵入を防ぎ、粘膜の乾燥を防いでくれます。抗酸化作用があり、免疫力低

下の一因となる活性酸素を取り除いてくれる働きがあります。ぜひ旬の季節（秋から冬にかけて）にかぼちゃ料理を楽しんでみてください！

【レシピ5　スパ デ ドブレアック（Supă de dovleac）…パンプキンスープ】

★ルーマニアのハロウィンのお話★

　かぼちゃといえば、ジャックオーランタン（かぼちゃの提灯）の「ハロウィン」を思い出す方も多いかもしれませんが、ルーマニアのハロウィンってどうなのでしょう？

　元々、ルーマニア正教徒はハロウィンをお祝いする習慣がなかったそうなのですが、最近、特に若い人たちの間では「ドラキュラ発祥の国はルーマニアだ！　ドラキュラといえば、ハロウィン。盛大にお祝いしよう！」というムードで、パレードをしたり、パーティーをしたり盛り上がりを見せているようです。

　ドラキュラという小説は、イギリス人の作家が書いたものですが、実際に中世ルーマニアで「串刺し公」と恐れられていたヴラド3世がモデルとされているものです。ルーマニアといえば、ドラキュラというイメージを持つ人が多いのは、この小説が書かれたからなのです。ぜひ読んでみてくださいね。

　ちなみにバレンタインも元々はカトリックのお祝いなので、以前のルーマニアではお祝いしていなかったそうです。

レシピ6

ムラトリ（Murături）…ピクルス

　ルーマニアの郊外にある一軒家に遊びに行くと、だいたい地下倉庫（ベースメント）があり、そこにピクルスや、コンポートなどの瓶詰めが並べられています。スープ（チョルバ）に入れる小麦の発酵飲料（ボルシュ）や、ロールキャベツ（サルマーレ）をつくる発酵キャベツなども、貯蔵されていたりします。

【材料4人分】

　セロリ1本（茎の部分）、パプリカ(赤・黄)1個ずつ　きゅうり1本（もしあれば、お好みで）、カリフラワー1/2房、ニンジン1本、ミニトマト1パック

☆ピクルス液
　お酢200cc、白ワイン200cc、砂糖大さじ3、塩小さじ1、ローリエ1枚、にんにく小さじ1（みじん切り）、ブラックペッパー適宜

【つくり方】

①まず野菜をカットする。
　※カリフラワー…小房　　※きゅうり…輪切り
　※ニンジン…乱切り　※プチトマト…楊枝で3か所穴を開ける
　※セロリ…斜め切り　※パプリカ…3cm縦にうすく切る
②①の材料を鍋に入れ、ピクルス液を沸騰させる（水なら500g）。
③ニンジン、カリフラワーだけ②に先に入れて2分ほど煮る。
④その後残りの野菜を入れて再沸騰させたら火を止める。
⑤そのまま少し冷ましてから容器に移し替え、ピクルス液の材料を入れて、
　一晩冷蔵庫寝かせたら完成！
　なお脱気して、蓋をすれば常温で2週間くらいもちます。

【レシピ6　ムラトリ（Murături）…ピクルス】

　今回ご紹介したのは、お酢で簡単につくれるピクルスです。一晩で食べ頃を迎えます。

　日本語の外来語としてのピクルスは「野菜の酢漬け」のことをいうことが多いので、酢漬け＝ピクルス、で間違いはないのですが、じっくり待ってから食したいという方は、お酢を使わずに塩と水だけで「（乳酸）発酵」させたピクルスをぜひ楽しんでみてください。瓶は使う前に必ず煮沸しておいてくださいね。

　今回レシピに記載しました野菜の材料に対して、お酢・白ワインを入れずに、浄水500ｇに対して、塩15ｇを入れて、発酵させます。塩水に野菜が浸らないと、夏場は特にカビが生じやすいので、よく浸っているか確認してください。そこに重石と蓋をします。空気に触れる部分があるとカビやすいので、気をつけてください。

　発酵に要する時間は、夏場だと3日から1週間、冬場だとだいたい夏の倍くらいかかります。お酢でつくるピクルスとは、また違った風味が楽しめますよ！

ピラフ ク レグメ デ トアムナ（Pilaf cu legume de toamnă）
…秋野菜のピラフ

　ルーマニアでは「白米」を日本のように主食として食べることはあまりありませんが、ピラフやリゾットのようにして食べることはあります。

　肉断食の時期以外には、バターでコクをつけたりしますが、動物性のものが一切なくても美味しく食べられます。

【材料4人分】

　ニンジン 1/2 本、玉ねぎ 1/2 個、マッシュルーム半パック、ハーブブイヨン大さじ 2-3、米 2 カップ、オリーブオイル大さじ 2、塩こしょう少々、にんにく 1/2 かけ（レモン果汁大さじ 1 くらい…お好みで）

【つくり方】

①玉ねぎとニンジン、マッシュルームはみじん切りする。

②①をオリーブオイルで炒め、塩こしょうで軽く味をつける。

③炊飯器にといだ米に、ハーブブイヨンを入れて、水を 1 ½ カップの線の上くらいまで入れる。

④③に②を加え、そこににんにくのみじん切りも加えて混ぜ、炊き込みご飯モードで炊飯する。

⑤炊きあがったら、軽く混ぜ味見して足りないようなら塩こしょうを足す。
　さっぱりさせたい人は、レモン果汁を大さじ 1 くらいかけても、美味しくいただけます。

　最後にかけるレモン果汁は、レモン果汁ありとなしバージョンを、両方試してみていただくのもおすすめです！　ルーマニア料理は「酸味」が決め手のことも多く、スープ、サラダに、とたくさん使用する機会があります。

【レシピ7　ピラフ ク レグメ デ トアムナ (Pilaf cu legume de toamnă)…秋野菜のピラフ】

★ピラフのお話★

　ルーマニアでのピラフは、どちらかというとメインディッシュの「付け合わせ」の存在ですが、野菜をたくさん入れて「主食」的な存在で食べることもできます。

　ルーマニアの代表的な米料理といえば「ピラフ」です（リゾットや、ミルク粥にして食べることもあり）。

　これはかつてオスマン帝国（1299年オスマンが建てたトルコ系イスラム国家）の支配を受けていたルーマニアに残る痕跡の1つと言えるでしょう。

　ピラフは元々、トルコやインドで誕生したとされる説が有力で、トルコ語やペルシャ語で「煮た米と肉」を意味する「プラフ」「プラヴ」といった言葉が由来となり、フランスに伝わったときに「ピラフ」と呼ばれるようになったと言われています。

　ルーマニアでお米を主食として食べることは、あまりなく普段はパンやママリガ（トウモロコシの粉でできたもの）を食べることが多いです。

レシピ8

サラタ デ ヴィネテ プラジーテ
（Salată de vinete prăjite）…揚げナスのサラダ

【材料4人分】
　ナス（長くて細いもの）6本、フレッシュディル1パック、フレッシュパ
　セリ1/2パック、にんにく1かけ、オリーブオイル（揚げる用）、バルサ
　ミコ酢適量、小麦粉適量、塩こしょう少々

【つくり方】
①ナスを洗い、水を切った後に2cmの輪切りにする。塩を軽く振りかけて
　おいて、水分を取り除くために20分ほど放置。
②キッチンペーパーでよく水分を取り除き、小麦粉を軽くまぶす。その後、
　熱したオリーブオイル（160-180℃）の中に入れ、軽く揚げていく。
③すべて揚げ終わったら、油分を取り、塩、こしょうを軽くかるくまぶし、
　そこににんにくのみじん切り、バルサミコ酢を混ぜる。
④味が馴染んできたら、そこにフレッシュパセリとディルのみじん切りをふ
　りかけ、よく混ぜたらできあがり！

★ルーマニアのナスの話★
　ルーマニア人はナスが大好きです！　今回のように揚げることもあれば、
焼きナスにしたものをチョップしてペースト状にバケットに塗って食べるこ
ともあります（レシピ28参照）。
　またチョルバというスープの中に入れたり、ナスの中をくり抜いて、その
中にお米などを詰めたりもします（レシピ44参照）。
　ルーマニアのナスは日本のナスのように細長くなく、米ナスと同じ形状を
しています。

【レシピ8　サラタ デ ヴィネテ プラジーテ (Salată de vinete prăjite) …揚げナスのサラダ】

★ナスの効能★

　ナスはその90％以上が水分と言われています。体内の余分なナトリウムを排出して、高血圧を防ぐ働きを持っている「カリウム」が豊富で、利尿効果を期待できます。

　ナスの紺色は、ナスニンと呼ばれるプリフェノールの一種で、アントシアン系の色素で、強い抗酸化作用があります。ガンや生活習慣病のもとになる活性酸素を抑える力が強く、またコレステロールを抑える作用もあります。

　身体の熱を逃がす作用があるカリウムは、加熱をすることでその働きを弱くする特性があるため、身体を冷やしたくないときには、今回のレシピのように熱を加えるのがよいようです。

　日本では「秋ナスは嫁に食わすな」ということわざがあります。

　これは「身体をお嫁さんが冷やさないように」という配慮が由来となった説があります。

サラタ デスフェクラ シ ナウト
(Salată de sfecla și Naut)
…ビーツとひよこ豆のサラダ

【材料4人分】

ビーツ（下処理されているもの）100g、ひよこ豆缶詰（茹でてあるもの）100g、コリアンダー 10g、ベイビーリーフ 150g、レモン果汁（ポッカなど）大さじ2

【ドレッシング用材料】

・オリーブオイル大さじ4
・レモン果汁（ポッカなど）大さじ2
・すりおろしにんにく小さじ1/2
・塩小さじ1/2
・黒こしょう小さじ1/2

【つくり方】

①ひよこ豆を缶詰から取りだし水気を切る

②ビーツを2cm弱のサイコロ状にカットする。
　その上に、レモン果汁を大さじ2かけておく。

③ドレッシングをつくる。レモン果汁、オリーブオイル、塩、黒こしょうを小さなボウルに入れ、よくかき混ぜる。もし足りない味があれば少し調整する。

④上記①と②と③を混ぜ、コリアンダー、ひよこ豆を大きなボウルに入れて混ぜる。

⑤ベイビーリーフをよく洗い、水を切る。その後に④を混ぜてできあがり！
　ルーマニアは豆料理のレシピが豊富！　本書でも色々紹介していきます。

レシピ 10

カプスーニ ペリウーシャク ラプテ デ ソイア
（Capsuni periuță cu lapte de soia）
… 豆乳といちごのスムージー

【材料 4 人分】

いちご 280 ｇ、豆乳（無調整）400ml、氷 200 ｇ、砂糖（蜂蜜に代用可）
大さじ 4、シナモンパウダー適量（お好みで）ミントの葉 8-10 枚（トッピング用）

【つくり方】

①いちごはよく洗い、ヘタを切り落とす。そして半分に切っておく。

②ミキサーに①と、豆乳、氷、砂糖、シナモンパウダーを入れなめらかにな
　るまでよく混ぜる。

③冷やしておいたグラスに②を入れ、最後にカットしたいちごとミントの葉
　を散らしてできあがり。

★ 「いちご」 と 「豆乳」 の効能

　ルーマニアの露天マーケット（ピアッツアといます）に行くと、各シーズ
ンの新鮮な野菜や果物が所狭しと並べられています。いちごもその 1 つ。春
になると、美味しいいちごが手に入ります。

　いちごには、ビタミン C が豊富に含まれていて「風邪予防」や「肌再生・
アンチエイジング」などにも効果的です。風邪をひきそうなとき、日焼けし
てしまったときに食べるとよいようですよ！

　またルーマニアの牛乳、おいしいものがたくさんありますが、肉断食の最
中は、牛乳を摂取することができないので、このときには「豆乳」を使います。

　豆乳には、乳酸菌のエサとなるオリゴ糖が含まれているので、腸内の乳酸
菌が増え、腸内環境が整うことで、便秘解消にも役立ちます。

サラタ デ アルディ シ ファソーレ ベルディ（Salată de ardei si fasole verde）…インゲンとパプリカのサラダ

【材料 4 人分】

　インゲン 300 ｇ、パプリカ 2 個、フレッシュディル適量、乾燥パセリ適量、おろしにんにく大さじ 2、塩適量、バルサミコ酢大さじ 2-3、オリーブオイル適量

【つくり方】

①インゲンを沸騰したお湯で茹でて、冷ましておく。

②パプリカは縦に細切りにする。

③塩、にんにく、バルサミコ酢、オリーブオイルでソースをつくる。

④冷めたインゲンとパプリカをまぜ、③でできたソースと絡める。

⑤④に刻んだディルとパセリを上からふりかけてできあがり。

★インゲンの効能★

　緑黄色野菜のサヤインゲンは、βカロチンが豊富で、同じ緑黄色野菜のレタスに比べて、およそ 3 倍以上も含まれていると言われています。

　抗発がん作用や免疫賦活作用でも知られていますが、その他にも体内でビタミン A に変換され、髪の健康維持や、視力維持、粘膜や皮膚の健康維持、そして喉や肺などの呼吸器系統を守る働きがあると言われています。

　またインゲンは、体内の塩度濃度を正常に保ち、余分な水分を排泄する効果のある「カリウム」もたっぷり含まれているため、むくみ・高血圧予防にも効果的です。

　このほか食物繊維も豊富に含まれているため、便秘解消・予防にも役に立ちます。旬の時期は 6 ～ 9 月の夏の時期で、見た目にも色鮮やかなインゲン

はルーマニアですとサラダに入れて食べることが多いです。

【レシピ11　サラタ デ アルディ シ ファソーレ ベルディ（Salată de ardei si fasole verde）
　　　　…インゲンとパプリカのサラダ】

★バルサミコ酢の効能★

　バルサミコ酢というと、イタリアのイメージが強いかもしれませんが、イ
タリアと同様、トマト料理、オリーブオイルを多用するルーマニアでは、バ
ルサミコ酢も食卓にのぼります。

　元々バルサミコ酢は葡萄からできており、ビタミン・ミネラルが多く含ま
れており、貧血防止にも効果が絶大です。私はサラダだけでなく、野菜の炒
めものにも、隠し味で使用したりしています。

レシピ 12

スパ レイチェ デ ロシシ ペペネ
(Supă rece de roșii și pepene)
…スイカのガスパチョ

　　ルーマニア人もスイカが大好き！　夏の食卓には、食後のデザートしても
欠かせません。スイカには血流状態を改善してくれるシトルリンというアミ
ノ酸が含まれているため、手足のむくみの改善効果が期待できます。

　　スイカは熱中症をはじめ、夏の暑さで衰えた身体に優しく、糖分やカリウ
ム、ミネラル、マグネシウムなどのミネラルも含まれているので、微量の塩
を加えるとスポーツドリンクのような効果も期待できます。今回ご紹介した
ガスパッチョも塩を少量入れて、夏の暑い時期にぴったりのレシピです。

【材料 4 人分】

　　すいか 300 ｇ、トマト（中）2/3 個、きゅうり 2/3 本、玉ねぎ 30 ｇ、
　　にんにく 1/2 かけ、オリーブオイル大さじ 3、白ワインビネガー大さじ 1、
　　塩少々、水 1/4 カップ、レモン果汁 25cc

【つくり方】

①材料は調理の前に冷蔵庫でよく冷やしておく。トマト 1/3、きゅうり 1/3
　は、トッピング用に切り分け、5mm 角に細かくしておく。
②すいか、①で切り分けた残りのトマトときゅうり、玉ねぎ、にんにくは、
　ミキサーにかけられる大きさに切って、ミキサーにかける。
③ミキサーにかけた②をボウルに移し、そこに塩少々、ワインビネガー、
　水を加えて味を見る（塩味が足りなければ足す）。
④最後にスープ皿によそい、①で切り分けたトマトときゅうりをトッピング
　しオリーブオイルを回しかけて、できあがり。

【レシピ12　スパ レイチェ デ ロシ シ ペペネ（Supă rece de roșii și pepene）
　…スイカのガスパチョ】

レシピ 13

ヌカ クミエレ (Nucă cu miere)…ナッツのはちみつ漬け

【材料 4 人分】（300 g）
　素焼きナッツ（無塩…くるみ、アーモンド、カシューナッツなどお好みの
　ものを）150 g、アカシアの蜂蜜 130g、シナモンパウダー小さじ 1/3、
　※もしもエスニック風味が好きな方はクミンパウダー、黒こしょう少々

【つくり方】
①ナッツは、もし大きいものがある場合は食べやすい大きさに砕く。
②オーブン（160℃）で 10 分ほど焼く。その後ボウルに移し、アカシアの蜂蜜、
　シナモンパウダーを加える（エスニックな風味がお好きな方は、ここにク
　ミンパウダーと黒こしょうを加える）。
③予め煮沸消毒しておいた密閉容器（瓶など。必ず蓋も煮沸）に②を入れる。
　少しずつ空気が入らないように注ぐ。
④しっかりと蓋をして冷暗所で保管。
　1 週間ほどしてから食べたほうが、味がしっかり染み込んでおいしいです。

＊通常ヴィーガンというと「蜂蜜」の摂取はありませんが、ルーマニア正教
　会の司祭さまにも確認しましたところ、ルーマニアの肉断食の時期は蜂蜜
　の摂取は可能とのことでしたので、レシピに掲載いたしました。

★ルーマニアの蜂蜜について★
　ルーマニアは、アカシアの蜂蜜の産地として、日本でもよく知られており、
良質な蜂蜜が採取されることで有名です。蜂蜜に含まれるグルコン酸には「殺
菌作用」があり、また高い殺菌力を持つ過酸化水素を作るグルコースオキシ
ターゼという酵素も含まれています。喉の痛みや口内炎にも効果ありです。

レシピ 14

アルディ マリナット（Ardei marinat）…パプリカのマリネ

【材料4人分】
　パプリカ3個、キャノーラ油大さじ1-2、塩少々、バルサミコ酢大さじ2、
　フレッシュディル適量（トッピング用）

【つくり方】
①パプリカは魚のグリルで両面を焼く。片面ずつ、水分がなくなるまで（シ
　ワシワになるまで）よく火を通す。
②①をグリルから取りだし、冷水につける。粗熱が取れたら、皮を剥く。
③水気をよく取り、1個のパプリカを縦に6つくらいに切り、ボウルに移す。
④ボウルの中のパプリカに塩を軽くふりかけ、その後、キャノーラ油とバル
　サミコ酢をふりかけ、味をなじませる。
⑤味が馴染んできたら、ボウルから取りだし、最後にディルをパプリカの上
　にトッピングしてできあがり。

【レシピ14　アルディ マリナット（Ardei marinat）…パプリカのマリネ】

チョルバ デ カルトフィ（Ciorbă de cartofi）
…じゃがいもの酸味のあるスープ

ルーマニア人にとって欠かせない、お味噌汁的存在「チョルバ」。

ルーマニアではボルシュ（小麦のふすまなどを発酵させた飲料）を仕上げに入れますが、日本でつくるのはなかなか大変なので、代わりに「レモン果汁」で代用します。

料理を教えてくれた伯母に聞いたところ、必ずボルシュを入れるのが正統派というわけでもなく、レモン果汁や、塩漬けレモンを使うのも、OK だということでした。

【材料 4 人分】

じゃがいも 3 個、玉ねぎ 1 個、パプリカ 1 個、セロリ 1 本、フレッシュイタリアンパセリ 1 袋、タイム（粉末）少々、塩こしょう少々、レモン果汁大さじ 2、トマトピューレ 1/2 缶、ハーブブイヨン大さじ 1（お好みで）、キャノーラ油適量（野菜を炒める用）、水 800CC

【つくり方】

①じゃがいもは皮を剥き、一口大に切っておき、水にさらしておく。

②玉ねぎ、パプリカ、セロリを切る（粗みじんくらい）。

③まずは玉ねぎを炒め、しんなりしてきたらじゃがいも以外のパプリカ、セロリの野菜も加えて炒める。

④水を鍋に入れて、火にかけ沸騰してきたら③を加える。

⑤さらに野菜を煮ていき、野菜がしんなりしてきたら、先に水にさらしておいたじゃがいもを入れる。

⑥じゃがいもに火が通ったら、トマトピューレを投入 (お好みでハーブブイヨンを大さじ 1 ほど投入)。

⑦味が馴染んできたらタイム、イタリアンパセリ（適度に切る）を投入。最
　後にレモン果汁を入れる。
⑧塩、こしょうで味を調えて、できあがり。

【レシピ 15　チョルバ デ カルトフィ（Ciorbă de cartofi）
　　　　　…じゃがいもの酸味のあるスープ】

ママリガ ク スムントナ ヴェジターラ デ ソイ
（Mămăligă cu smântână vegetală de soia）
…ポレンタに、豆乳ベースのホワイトソースを添えたもの

ママリガは、ルーマニアの国民食！　みんな大好きです。地域によっては、主食だったり、付け合わせとして食べたりします。

トウモロコシでできた粉をお湯で溶くのが特徴で、もちもちっとした食感が魅力。イタリアでよく食べられる「ポレンタ」に似ています。

【材料 4 人分】

☆ママリガ用

　　コーンミール 170 ｇ、水 600cc、塩ひとつかみ、キャノーラ油大さじ１、

☆ホワイトソース用

　　豆乳 400cc、小麦粉（薄力粉）大さじ３½、マッシュルーム 6 個

　　ハーブブイヨン小さじ 2/3、塩こしょう少々、パセリ少々（トッピング用）

【つくり方】

☆豆乳ベースのホワイトソース

①ボウルに豆乳と薄力粉をいれて、薄力粉がダマにならないように、まずはよくかき混ぜながら加熱する（泡立て器を使うとベター）。

②薄力粉と豆乳がよく混ざったら、鍋にかけ（弱火）少し煮立ってきたら、そこにハーブブイヨンを加える。とろみがつくまでゆっくり火を入れる。

③マッシュルームを 1/4 の大きさに切り、オリーブオイルで軽く炒め、②のホワイトソースに絡める。

④③に塩こしょうを加えて味を調える。

☆ママリガ

①水を沸騰させ、そこに塩ひとつまみとキャノーラ油少々を入れる。

②①にコーンミールを入れて、玉にならないように丁寧にかき混ぜ、ある程
　度の硬さになったらできあがり。

　最後にママリガをお皿の真ん中によそい、脇につくったホワイトソースを
かける。トッピングに細かく刻んだパセリをホワイトソースにかける。

【レシピ 16　ママリガ ク スムントナ ヴェジターラ デ ソイ
###　　　　　（Mamaligă cu smântână vegetală de soia）
###　　　　　…ポレンタに、豆乳ベースのホワイトソースを添えたもの】

★冷めてしまったママリガは？★

　生まれて初めてルーマニアで食べたママリガ。できたての温かいときには、
もちもちっとしていて、とてもよい感じの食感なのですが、冷めてしまうと
硬くなってしまい「ん？」という食感になってしまうことが残念です。

　ルーマニア人の友人に聞いたところ、この硬くなってしまったママリガを、
日本の「おにぎり」のようにして、オーブントーストで焼くという話をして
いました。今度私も試してみようと思います。

サラタ デ リンテ、ナゥト シ チャパ
（Salată de linte, năut şi ceapă）
…タマネギとレンズ豆のサラダ

【材料 4 人分】

レンズ豆（乾燥タイプ）200 g、ひよこ豆（缶詰）50 g、ローリエ 1-2 枚、紫玉ねぎ大 1 個、フレッシュイタリアンパセリ適量、フレッシュディル適量、白ワインビネガー大さじ 2 ½、マスタード大さじ 1/2、塩こしょう少々、オリーブオイル大さじ 6

【つくり方】

①レンズ豆をよく水で洗い、沸騰したお湯の中にローリエを入れ、15 分ほどよく茹でる。ひよこ豆は缶詰から出して水を切る。

②紫玉ねぎはみじん切りし、イタリアンパセリとディルは細かく刻んでおく。

③白ワインビネガー、オリーブオイル、マスタードをボウルに入れ、茹でたレンズ豆、ひよこ豆と②の紫玉ねぎ、イタリアンパセリ、ディルを加えよく混ぜる。

④最後に塩こしょうで味つけして、できあがり。

★レンズ豆の効能★

レンズ豆は、日本では有名ではありませんが（最近はたまにスーパーなどでも見かけるようにはなってきましたが）、ルーマニアでは身近な食材です。

今回ご紹介するサラダに入れたりスープに入れたりと大活躍！　ビタミンB1、B2、B6、葉酸などのビタミンB群が豊富に含まれていています。

ビタミンBには、疲労回復効果や、肌や粘膜の状態をよくしたり、動脈硬化、うつ病、生理前症状などに欠かせないビタミンの 1 つと言われています。

【レシピ 17　サラタ デ リンテ、ナゥト シ チャパ（Salată de linte, năut și ceapă）
　　　…タマネギとレンズ豆のサラダ】

レシピ 18

シュニッツエル デ チウペルチ（Șnițel de ciuperci）… マッシュルームの揚げ物

【材料 4 人分】

マッシュルーム 8-10 個、小麦粉大さじ 2-3、乾燥パセリ適量、粗挽き黒こしょう適量、塩適量、キャノーラ油（フライパンでマッシュルームがひたひたになるくらい）

【つくり方】

①マッシュルームは半分に切った後、塩こしょうを両面にふる。

②小麦粉をマッシュルームにまぶす。

③②のマッシュルームに、乾燥パセリをまぶす。

④フライパンにマッシュルームがひたひたになるくらいキャノーラ油を入れ、少々加熱 (150-160℃ くらい)。その後マッシュルームを投入。

⑤マッシュルームに火がまんべんなく通り、こんがりとしたら、できあがり。

【レシピ 18　シュニッツエル デ チウペルチ（Șnițel de ciuperci）… マッシュルームの揚げ物】

サラダ デ ブフ（Salată de boeuf）…ルーマニア式ポテトサラダ

【材料4人分】

　グリーンピース100g、じゃがいも3個、ニンジン1½本、玉ねぎ　1/2個、
　ピクルス1/2缶、オリーブ1/2缶　マスタード大さじ1½、塩こしょう
　適量、豆乳（無調整）大さじ2

【つくり方】

①じゃがいもは皮を剥き細かく切り、水にさらしておく。

②ニンジンは皮を剥き、1cm角に切る。

　ピクルスとオリーブは粗みじんに、玉ねぎはみじん切りにしておく。

③沸騰したお湯に、①のじゃがいもを入れ、やわらかくなるまで茹でる。

④③をザルにあげ、ボウルに入れ、フォークかスプーンでマッシュする。

⑤④に②のニンジン、ピクルス、オリーブ、玉ねぎとグリーンピースを加える。

⑥最後にマスタード、豆乳を投入。塩こしょうで味を調えて、できあがり。

【レシピ19　サラダ デ ブフ(Salată de boeuf)…ルーマニア式ポテトサラダ】

サラタ シンプラ デ カストラベッティ シウストロイ
(Salată simplă de castravete si usturoi)
…きゅうりとガーリックのシンプルサラダ

【材料 4 人分】

きゅうり 3 本、にんにく 1 かけ、キャノーラ油大さじ 1、玉ねぎ 2/3 個、
フレッシュディル適量、塩こしょう少々、バルサミコ酢大さじ 1 ½

【つくり方】

①にんにくと玉ねぎ、ディルはみじん切りする。

②きゅうりは乱切りにする。

③①と②をボウルに入れ、キャノーラ油、バルサミコ酢を入れ軽く混ぜる。

④最後に塩こしょうで味を調えて、できあがり。

★にんにくの効能★

　ドラキュラ伝説で有名なルーマニア。ドラキュラの天敵といえば、日の光と「にんにく」ですが、ルーマニア人はにんにくが大好き！　よくルーマニアのレストランに行くとテーブルには、塩・こしょう・お酢などの他ににんにくのすりおろしが置いてあるお店をよく見ました。

　数千年の昔から、世界各地で強壮食品や香辛料として使われてきたにんにくですが、ルーマニアはウクライナにも国境を面しており、基本冬はとても寒い国なので（もちろん地域にもよりますが）、身体を温める作用のあるにんにくは非常に重宝され、食卓に欠かせない存在になっていったようです。

　アリシン・スコルジニンといった成分が、血液循環をよくしてくれるのです。アリシンの殺菌・抗菌作用は非常に強力で、自然治癒力も高まり、病気になりづらい身体づくりに貢献しています。

【レシピ20　サラタ　シンプラ　デ　カストラベッティ　シウストロイ
（Salată simplă de castravete si usturoi）
…きゅうりとガーリックのシンプルサラダ】

★きゅうりの効能★
　ルーマニアのサラダに欠かせないのは、日本と同様「きゅうり」の存在
です。
　ルーマニアのきゅうりは、日本のように細長くはなく、アメリカやイギリ
スなどと同じように、太くてサイズも大きいものが主流です。
　きゅうりは栄養素の中ではカリウムが豊富で、ナトリウムの排出を促し、
利尿・むくみを改善する効果があり、また香気成分「ピラジン」が血液をサ
ラサラにし、血液凝固を抑制する働きがあると言われています。
　また淡色野菜ではありますが、表皮のグリーンにβカロチンが含まれてい
て、抗発がん作用や、免疫賦活作用に効果があります。
　ルーマニアの朝食ではだいたい、パンにトマト、きゅうり、チーズ（ブル
ンザと呼ばれる白チーズ）、サラミなどを食べていました。懐かしいルーマ
ニアスタイルの朝食です。

レシピ 21

パスタ デ ヌチ（Pastă de Nuci）… くるみのペースト

ルーマニア人は本当にくるみが大好き！　くるみには、コレステロールや中性脂肪の値を下げる効能があります。

ルーマニアでは、ペーストにしたり、ジャムにしたり、蜂蜜につけたり、パウンドケーキの中に入れたり、はたまたお米と一緒に炒めたりします。

今回はペーストのご紹介です。

【材料 4 人分】

くるみ 200 g、砂糖大さじ 5-6、塩小さじ 1/2

【つくり方】

①くるみを少しだけ砕き、フードプロセッサーに入れて粉砕させる。
②さらにフードプロセッサーにかけつづけ、滑らかになるまでかけ続ける。
③②に塩と砂糖を加え更に粒々感がなくなるまで、フードプロセッサーをかけ続ける。
④味を見てみて、塩気、甘みが足りないようなら足す。
⑤保存容器に入れ、冷蔵庫で保管。冬場は 3 週間くらいもちます。

トーストなどに塗って食べるとおいしいですよ（保存容器は煮沸消毒）。

★くるみの効能★

くるみには、オメガ 3 や抗酸化物質、ビタミン、ミネラルが豊富で、米国イエール大学の栄養評価システムにおいて、くるみは 82/100 点という高得点を獲得しています。特に肉断食中の栄養では、欠かせない存在です。

ダイエット、美肌効果、アンチエイジング効果や生活習慣病の予防効果があると言われています。これは試さない手はないですね！

ジェム デ フィグ （Gem de fig）…いちじくのジャム

　ルーマニアの人たちは、スーパーで手に入るものでも、つくれるものは何でも手づくりします。このいちじくのジャムもその１つです。

材料４人分（200g）
　いちじく４個、砂糖70ｇ、レモン果汁大さじ３

【つくり方】
①いちじくを洗って皮をむき、1cm くらいの厚さにスライスする。
②酸に強いステンレスかホーロー鍋を使う。鍋にスライスしたいちじくを入れ、水をひたひたになるくらい入れて砂糖を加え、中火で熱します。
③沸騰してきたら弱火にし、水分が飛んできたらレモン果汁を加え、もうひと煮たちさせ、水分をかなり飛ばす。
④煮沸消毒した密閉容器(瓶など。必ず蓋も煮沸)に粗熱がとれた③を入れる。

【レシピ 22　ジェム デ フィグ （Gem de fig）…いちじくのジャム】

サラタ デスフェクラ、フレン シ ムーラー
（Salată de sfeclă, hrean si mărar）
…西洋わさびとビーツ、ディルのサラダ

【材料 4 人分】
　赤ビーツ缶詰 2 缶（800g）、西洋わさび（チューブタイプもしくは、瓶や
生タイプもあり）大さじ 2、キャノーラ油大さじ 2、塩少々、白ワインビ
ネガー大さじ 2、フレッシュディル適量（トッピング用）

【つくり方】
①ビーツは缶詰から取りだし水分をよく切る。
②ビーツを一口大に切る。そこに摩り下ろした西洋わさびを加え（チューブ
　タイプは最初から摩り下ろされています）軽くまぜる。
③そこにキャノーラ油、塩、白ワインビネガーを投入し、トッピングに刻ん
　だディルを上からふりかけて、できあがり。

★西洋わさびの効能★
　ルーマニアに行く前は、ほとんど食べたことがなかった「西洋わさび」（英
語だと、ホースラディッシュといいます）ですが、ルーマニアに渡ってから
は焼いたお肉の付け合わせで食べたり、またサラダに入れたりとよく食べる
ようになりました。
　ルーマニアでは、色々な瓶詰めを地下倉庫に貯蔵しているお宅が多く、西
洋わさびもその 1 つでした。ピリッとした辛さが魅力です。
　辛味成分「アリルイソチオシアネート」による抗菌作用、大腸菌や黄色ブ
ドウ球菌、腸炎ビブリオ菌などの食中毒のもとを抑える働きもあると言われ
ています。最近は、外資系スーパーや、インターネットでも購入できます。

【レシピ23　サラタ デ スフェクラ、フレン シ ムーラー (Salată de sfeclă, hrean și mărar)
…西洋わさびとビーツ、ディルのサラダ】

★フレッシュハーブ「ディル」の効能★

　ルーマニアの料理には本当に「ハーブ」の存在が欠かせません。ルーマニ
アに渡航する前はディルという存在もよくわかっていませんでしたが、ルー
マニア料理には欠かせないハーブの１つです。沈静・消化促進・利尿・口臭
予防などの効能もあります。

ロシ ウンプルーテ ク オレズ（Rosii ̦umplute cu orez）
…トマトをくりぬき、中にお米を入れてオーブンで焼いたもの
〜スタッフドトマト

【材料 4 人分】

玉ねぎ 1 個、オリーブオイル適量、お米 1 カップ、にんにく 1 かけ、ト
マト (中)4 個、粉末タイム適量、イタリアンパセリ適量、フレッシュディ
ル適量、塩少々、黒こしょう適量、ハーブブイヨン大さじ 1（お好みで）

【つくり方】

① 玉ねぎ、にんにくをみじん切りにする。オリーブオイル大さじ 1 で黄金色
になり、 しんなりするまで炒める。

② トマトを上から 1 センチくらいのところでカットする。
上の部分は蓋になるので、捨てないでとっておく。

③ トマトの下の部分をくり抜く。中身の果肉は後で使うので捨てないでとっ
ておく。くり抜いたトマトは、10 分くらい逆さまにして水分を切っておく。

④ 沸騰したお湯で米を茹でる。少し芯が残るくらいにしておき、ザルにあげ
少し冷ます。

⑤ ④の粗熱が取れたら、そこに①のにんにくと玉ねぎ、ハーブブイヨン大さ
じ 1、粉末タイム、イタリアンパセリ、ディルのみじん切り、オリーブオ
イル大さじ 1 と③でとっておいたトマトの果肉を入れて、かるく混ぜる。

⑥ ⑤でつくったトマトの中につめる具に塩こしょうを加えて味を整え、中身
をくり抜いたトマトの中に均等に詰める。

⑦ 詰め終わったトマトに、②でつくった蓋の部分を乗せてオーブン約 180℃
で 1 時間ほど焼いて、できあがり。

【レシピ24　ロシ ウンプルーテ ク オレズ（Rosij umplute cu orez）
　　　…トマトをくりぬき、中にお米を入れてオーブンで焼いたもの
　　　〜スタッフドトマト】

トッカーナ デ ソイア（Tocană de soia）…大豆のトマトシチュー

【材料4人分】

　大豆（水煮）1 缶（200 ｇ）ナス 1 本、ズッキーニ 1 本、玉ねぎ 2/3 個、にんにく 1 かけ、オリーブオイル大さじ 1、塩こしょう少々、トマトピューレ 1 ½ カップ、水 2 カップ、ハーブブイヨン大さじ 2/3、ローリエ 1 枚

【つくり方】

①大豆は缶から取りだし、水気をきっておく。ナス、ズッキーニと玉ねぎは 1.5cm 角に、にんにくはみじん切りにしておく。

②フライパンにオリーブオイルを熱し、にんにく、玉ねぎ、ナス、ズッキーニの順で炒める。

③野菜がしんなりしてきたら、鍋に大豆、炒めた②を入れ、水とハーブブイヨン、トマトピューレ、ローリエを加え、弱火で 10-15 分煮込み、最後に塩こしょうで味を調えて、できあがり。

【レシピ 25　トッカーナ デ ソイア（Tocană de soia）…大豆のトマトシチュー】

第3章
簡単ルーマニアヴィーガンデトックスレシピ後半 20 レシピ

※レシピの野菜の効能に関しては「旬の食材百科」を参照。
https://foodslink.jp/syokuzaihyakka/syun/Vegetable-top.html

チョルバ デ レグメ（Ciorbă de legume）
…ルーマニア式野菜の酸味のあるスープ

ルーマニアではお味噌汁的な存在のスープのチョルバ。

たくさんの野菜が一度に摂取できるのが、このスープの魅力です。

玉ねぎ、セロリ、ニンジン、パプリカを入れるのが定番です。季節によってはズッキーニやナスも入れます。

【材料4人分】

ニンジン1本、玉ねぎ（大）1個、セロリ1本、キャノーラ油適量、マッシュルーム10個、塩こしょう適量、ハーブブイヨン小さじ2（お好みで）、レンズ豆（缶詰）100g、黒こしょう少々、水800-1000cc、レモン果汁適量、フレッシュディル（トッピング用）

【つくり方】

①レンズ豆は、缶から取りだし、水を切っておく。

②ニンジン、玉葱、セロリ、マッシュルームを切る（小さなサイコロ状）。

③玉ねぎをみじん切りし、大きめのフライパンに油をひき熱する。そして玉ねぎが透明になるまで炒める。しんなりしてきたらニンジン、セロリも加えて炒める。

④水を鍋に入れて、火にかけ沸騰してきたら①と③を加える。

⑤野菜が煮えてきたら、刻んであったマッシュルーム加え、さらに弱火で煮詰めていく。

⑥ハーブブイヨンを投入。塩こしょうで味を調え、最後にレモン果汁をふりかける。

⑦ディルをトッピングに飾って、できあがり。

【レシピ26　チョルバ デ レグメ(Ciorbă de legume)
　　　…ルーマニア式野菜の酸味のあるスープ】

★「チョルバ」というスープについて★

　このチョルバというスープはどこからやってきたのでしょうか?

　元々はアラビア語だったという説や、ペルシャ語だったという説など色々あります。

　トルコでも、チョルバというスープがありますが、トルコのスープ全般のことを指すようで、ルーマニアのチョルバとは少し異なるようです。ルーマニアの人たちは、具材を変え(メインが鶏肉だったり、魚だったり)色々なスタイルでこのチョルバを楽しみます。

　このスープの大きな特徴としては、ふすま(小麦の糠)を発酵させてつくる「ボルシュ」という液体を入れるところです。

　ルーマニアには麹や味噌などの発酵食品はありませんが、このような形で発酵食品を身体に取り入れており、ロールキャベツ(サルマーレ)も発酵キャベツで基本つくりますし、様々な場面でうまく発酵食品を取り入れているルーマニア人なのでした。

コリバ（Colivă）…もち麦入りの甘いケーキ

　このレシピ45の中で唯一の「ケーキ」です。ケーキといってもオーブンで焼いたりはしないので、簡単につくることができます。

　とってもヘルシーなので、ダイエット中でも、罪悪感なく食べられます。くるみも入っていて、歯ごたえも抜群です。

　ルーマニアでは、法事や葬式のときによく食べます。

【材料4人分】

　大麦200g、もち麦80g、水800-1000cc、砂糖100-125g、レモンピール（皮を摩り下ろした物）小さじ2、くるみ100g、レーズン120g、　クランベリー100g（お好みで）、バニラエッセンス小さじ1/2、シナモンシュガー小さじ1/2、塩小さじ1/2、ココアパウダー＆ココナッツパウダー（アイシング用）適量

【つくり方】

①もち麦と大麦は、前の晩にひたひたの水につけておく。

②鍋に水(800-1000cc)を入れ、①の麦に火を通す。中火→弱火にし、底が焦げないように軽くかき混ぜながら、煮る。

③水分がなくなる手前で、砂糖、シナモンシュガー、塩をふりかける。

④水分がなくなったら、火を止め、レモンピール、バニラエッセンス、レーズン、クランベリー（お好みで）、くるみ（細かく砕いたもの）を入れ、よく混ぜる。

⑤粗熱が取れたら、④をお皿に移し、ココアパウダーとココナッツパウダーでトッピングして、できあがり（ココアパウダーで十字架をつくることが一般的です）。

【レシピ27　コリバ（Colivă）…もち麦入りの甘いケーキ】

★コリバというケーキについて★

　初めて私がこのケーキをルーマニアで口にしたのは、親戚の「法事」のときでした。十字架が大きくケーキの上に切られているのが、印象的でした。

　このコリバですが、元々東方教会では、お葬式の際や、人の死後、様々な宗教的行事に用いられるものです。そういった行事に用いられるものですので、動物性のものが入っていない植物性のみで、つくられているケーキなのでしょう。

　もち麦が入っていて、プチプチとした食感で、食物繊維も多く含まれており、お通じの強い味方になります。小麦を使ったケーキとは異なり、素朴な味が魅力です

　元々このコリバという語源は、「ギリシャ語の小さなコイン」もしくは「金の重り」とのこと。ギリシャからルーマニアに伝わった料理と考えられています。

サラタ デ ヴィネテ（Salată de vinete ）
…焼きナスのペースト

【材料4人分】

　ナス5本、塩こしょう適量、玉ねぎ大1/2個、オリーブオイル大さじ3、ミニトマト4個、フレッシュディル適量

【つくり方】

①焼きナスの要領で、魚焼きグリルでナスを焼く。ナスは両面がシワシワになって水分が抜けるまでよく焼く。焼けたら水に浸しておく。

②玉ねぎはみじん切りにしておく。

③①のナスが冷めたら、へたをとり、皮をむく。

④ナスを包丁でみじん切りにする（かなり細かくする。粘り気が出るまで）。

⑤ボールにナス、玉ねぎ、塩、こしょう、オリーブオイルをいれ、ペースト状になるように混ぜる。

⑥⑤を容器に入れ、細かく刻んだディルと半分に切ったミニトマトを載せる。

【レシピ 28　サラタ デ ヴィネテ (Salată de vinete) …焼きナスのペースト】

パスタ デコノピーダ（Pastă de conopidă）
…カリフワラーのペースト

【材料4人分】
　カリフラワー1房、じゃがいも大2個、にんにく1かけ、ハーブブイヨ
　ン大さじ1½、塩こしょう適量

【つくり方】
①カリフラワーは適当な大きさに、じゃがいもも皮を剥いて適当な大きさに
　切る。
②鍋に①とハーブブイヨンと、ひたひたの水を入れ、中火で水分を飛ばしな
　がら、水分がなくなるまで煮込む（軽くかき混ぜながら）。
③②と細かく砕いたにんにくをフードプロセッサーかミキサーにかける。
④③を鍋に移し、弱火で温めながら、塩、こしょうで味を調えれば、できあがり。

【レシピ 29　パスタ デ コノピーダ（Pastă de conopidă）…カリフワラーのペースト】

ファソーレ バチュタ（Fasole bătută）…白インゲン豆のディップ

【材料 4 人分】

白インゲン豆（缶詰 280-300g）、ローズマリー 1-2 本、レモン 1/2 個、にんにく小さじ 1 ½、オリーブオイル大さじ 1 ½、塩こしょう適量。

【つくり方】

①白インゲン豆をザルにあけ、水切りしてハンドミキサーの専用カップに移す。

②ローズマリーは葉を枝からちぎる。レモンを半分に切って絞る

③にんにくは皮をむいて芯を取り除き、すりおろす。

④③にローズマリーとレモン汁、オリーブオイルを加え、ハンドミキサーでピューレにする。

⑤塩こしょうで味を調え、器に盛りつける。

★ルーマニア人は豆が大好き！？★

今回ご紹介している豆のペーストのように、ルーマニア料理には、グリンピース、ひよこ豆、レッドキドニービーンズ、大豆などたくさんの豆が使われています。

栄養価が高い豆類は、肉断食の時の強い味方！　ルーマニアの人たちは、豆をサラダに入れたり、ペーストにしたりして、色んな形で豆料理を楽しんでいます。

ルーマニアに渡航する前、日本で暮らしていたときの私は、もっぱら和食が多かったので、豆といってもインゲン、大豆くらいしか料理で使ったことがなかったのですが、おかげで今では豆料理のバリエーションが増えました！（笑）

【レシピ30　ファソーレ バチュタ(Fasole bătută)…白インゲン豆のディップ】

★白インゲン豆の効能★

　白インゲン豆はあまり日本ではあまり馴染みがないかもしれませが、欧米ではよく見かけます。栄養素にも優れていて、ダイエットにも効果があると言われています。

　白インゲン豆には、糖質・脂質の吸収を阻害する効果があり、この成分を「フォトセラミン」と呼び、炭水化物の吸収を抑制する働きがあるため、ダイエット効果が期待できます。

　またミネラル・鉄分が豊富なことでも知られ、食物繊維も豊富で、大豆と比べても約２倍です！　豆の中でも、栄養価が特に高いと言われています。

　このペーストは、トルコ料理などでいう「フムス」に似た食感です。簡単にできますし、ローズマリーとにんにくがアクセントとなっていて、おいしくたくさん白インゲン豆が摂取できます。

　ぜひ皆さん、気軽に試してみてください！

スパ デ ファソーレ ロシ（Supa de fasole rosie）
… レッドキドニービーンズのスープ

　ルーマニアでは、豆料理のレシピが豊富です！

　ルーマニアに渡航してから、「日本よりかなり色んな種類の豆を食べています」と私は日々感じていました。

　「レッドキドニービーンズ」は、日本だと「チリコンカン」のイメージが強いかもしれないですが、サラダやスープなど色んな場面に活用できるお豆です。

【材料4人分】

レッドキドニービーンズ（ボイルされたもの）300 ｇ、ニンジン1本、玉ねぎ（大）1個、セロリ1本、粉末タイム大さじ1、にんにく1かけ、水 700-800cc、ハーブブイヨン大さじ1、塩こしょう少々、 オリーブオイル適量、フレッシュディル適量（トッピング用）

【つくり方】

①ニンジン1本、玉ねぎ1個、セロリは粗みじんに刻む。にんにくはみじん切りに。

②玉ねぎをまずオイルで軽く炒め、色がついてきたらニンジン、セロリとも追加し、しばらく炒める。

③②の鍋に水を入れて中火→弱火で煮込んでいく（必要があればアクを取る）ある程度煮たってきたら、レッドキドニー豆を加える。

④豆が馴染んできたら、細かく刻んだにんにく、ハーブブイヨン、タイムを加える。

⑤塩こしょうで味を調え、その後細かく刻んだイタリアンパセリを投入し、余熱で少し火が通ったら、できあがり。

【レシピ 31　スパ デ ファソーレ ロシ（Supa de fasole rosie）
　　　　…レッドキドニービーンズのスープ】

★レッドキドニービーンズの効能★

　レッドキドニービーンズは、日本語名では「赤インゲン豆」と言われてい
ます。色々な料理に使うことができるこのレッドキドニービーンズですが、
驚くほどの美容、健康効果があり、栄養が満点の優れ物なのです。

　この豆は、ペルーが元々原産と言われており、8000 年ほど前に発生した
と言われるほど歴史が深い豆です。栄養素としては、鉄分、カルシウムが豊
富に含まれていて、不溶性の食物繊維が多く、便秘や肌荒れの解消に役立ち
ます。

　今回つくったスープですが、トマトにも豊富な栄養素、リコピンやビタミ
ン、またレッドキドニービーンズと同じく「食物繊維」も多く含まれています。
見た目にも「赤」×「赤」でルーマニア人の「情熱」を思わせるような色の
組み合わせで、味だけではなく、その見た目からもパワーがもらえそうです。

　また「抗酸化作用」が高いポリフェノールも多く含まれていて、この豆の
抗酸化力は、黒豆の 3 倍とも言われています。

レシピ 32

ザクスカ（Zacuscă）
…トマトベースでパプリカやナスなどを煮込んだソース

　ルーマニアの親戚やお友達の家にお邪魔すると、地下倉庫に色々な瓶詰め
が置いてあります。このザクスカもよく置かれている１つです。

　入れる野菜はナス、パプリカ、トマト、玉ねぎが一般的ですが、ズッキー
ニを入れたりするのもよいです。

　パンにつけて食べてもよし、少しアレンジをしてパスタソースに変身させ
るのも、私の好きな食べ方です。

【材料４人分】

　ナス（中）４個、パプリカ（赤）３個、玉ねぎ（大）２個、トマトピューレ 800ml、
　キャノーラ油適量、蜂蜜小さじ２（お好みで）、塩大さじ２、 ローリエ３枚、
　ハーブブイヨン小さじ２（お好みで）、黒コショウ少々、水１½カップ

【つくり方】

①ナスを魚焼きグリルで、表面が黒くなり、ナス全体を柔らかくなるまで焼
　く。パプリカも表面が膨れ、黒くなるまで焼く。そして皮を剥く。

②皮を剥いたナスとパプリカは、個別でミキサーにかける。

③玉ねぎをみじん切りし、大きめのフライパンに油をひき熱する。そして玉
　ねぎが透明になるまで炒める。

④③に、ナス、パプリカ、トマトピューレ、ローリエ、こしょう、 塩、（蜂
　蜜とハーブブイヨン .. お好みで）を加えて１½カップの水を入れる。

⑤すべてが投入されたら、弱火で１時間 15 分ほどコトコト煮込む。

⑥あらかじめ煮沸消毒しておいた密閉容器（瓶など。必ず蓋も煮沸）に⑤を
　入れる。しっかりと蓋をして冷暗所で保管。

【レシピ 32　ザクスカ（Zacuscă）…トマトベースでパプリカやナスなどを煮込んだソース】

アルディ ウンプラッツィ（Ardei umpluti）
…パプリカのご飯&野菜詰めのトマト煮（スタッフドパプリカ）

【材料4人分】

玉ねぎ1個、キャノーラ油適量、ニンジン1/2本、トマトピューレ2缶、お米1½カップ、マッシュルーム1パック、ローリエ1-2枚、くるみ100ｇ、パプリカ4つ、粉末タイム適量、イタリアンパセリ適量、フレッシュディル適量、塩こしょう少々、ハーブブイヨン大さじ3-4杯

【つくり方】

①玉ねぎをみじん切りにする。ニンジン、マッシュルームもみじん切りにする（③で使用）。まず玉ねぎのみをキャノーラ油大さじ2とともに、黄金色になり、しんなりするまで炒める。

②そこに洗ってざるに入れておいた水分をきったお米を入れて10分ほど炒める。少し水を足して、お米を膨張させ、パプリカの中に詰められるように、少し粘り気をもたせる。

③②をボールにあげ、そこにトマトピューレ（1/2カップ）、①のニンジンとマッシュルーム、塩、こしょう、ハーブブイヨン大さじ1½、タイム、イタリアンパセリのみじん切りを入れて、混ぜる。

④パプリカは頭の部分を切り取り、中をくり抜く。冷めた③をパプリカの中に詰める。

⑤残りのトマトピューレを鍋に入れ、ローリエ1枚も入れ、鍋の中に並べる。

⑥パプリカを敷詰め終わったら、水がひたひたになるくらいまで入れる

⑦ことこと1時間弱煮込んで、水分がなくなってきたら、できあがり

＊今回はオーブンを使いませんでしたが、軽く鍋で火を通した後、オーブン

で１時間ほど焼いてもおいしいのでぜひお試しください。

【レシピ 33　アルディ　ウンプラッツィ（Ardei umpluti）
　　　…パプリカのご飯＆野菜詰めのトマト煮（スタッフドパプリカ）】

★パプリカの効能★

　ルーマニアに行って驚いたのが、ルーマニア人は本当にパプリカが大好きなところです。

　スープやサラダ、ピクルス、はたまたパプリカの詰め物のトマト煮だったり、食卓にパプリカがのぼることがとても多いです！　日本では、パプリカをたまにいただいたりしても、どう調理していいかわからなかったものですが、今では私の冷蔵庫には必ずパプリカが入っています（笑）。

　パプリカの特徴としては「カロテノイド」と呼ばれる色素が多く含まれています。これは、体の老化を食い止める抗酸化と、燃焼力 UP などの作用を期待できる、美容に嬉しい成分です。

　この成分は、緑黄色野菜に含まれており、とりわけこの「パプリカ」には多く含まれています。熱を入れると甘みが出るのも特徴です。熱を入れても、ビタミンＣを多く含むことができるすぐれた野菜です。

スパ デ ペリショアーレ（Supă de perișoare）
…小麦粉団子のスープ

　ペリショアーレというのは、元々ルーマニア語で「肉団子」という意味です。今回は肉断食のメニューですので、肉のお団子の代わりに、小麦粉団子（日本でいうと "すいとん" のような感じです）でつくります。

　肉断食中は野菜が多く、消化が早くお腹がすくこともありますが、この小麦粉団子は腹もちがよく、おすすめです！

【材料4人分】

　玉ねぎ(中)1個、キャノーラ油適量、ニンジン1本、セロリ1本、パプリカ1個、ズッキーニ1本、小麦粉（薄力粉）1カップ、イタリアンパセリ、フレッシュディル適量、レモン果汁10-15cc、塩こしょう少々、ハーブブイヨン大さじ1 ½、水（小麦粉団子用）60-70cc

【つくり方】

①玉ねぎを粗みじんに切り、少量のキャノーラ油で炒める。

②玉ねぎがしんなりしてきたら、サイコロ状に切ったニンジン、セロリ、パプリカを炒める。

③すべての野菜がしんなりしてきたら、沸騰したお湯の中に野菜を投入する。

④すべての野菜に火が通ったら、ハーブブイヨン、塩こしょうを適量入れる。

⑤ボールに薄力粉と塩を入れ、泡だて器で混ぜる。その後、水も入れてよく混ぜる。

⑥できあがっているスープ⑤をスプーンですくって生地を入れ、周りが固まるまで触らないようにして火を入れる。

⑦最後に火を止め、レモン果汁を投入、イタリアンパセリを散らして、しばらく待てば、完成（余熱で柔らかくする）。

レシピ 35

カルトフィ プラジティ ク ローズマリン（Cartofi prăjiți cu rozmarin）…ポテトフライ ローズマリー添え

【材料 4 人分】

じゃがいも（大）3 個、にんにく 1 かけ、オリーブオイル 200cc、フレッシュローズマリー 1 枝、フレッシュパセリ少々、塩こしょう少々

【つくり方】

①じゃがいもは皮のまま一口大に切る。水にさらし水気を切る

②ローズマリーは手でちぎり、にんにくは粗みじんに切っておく。

③オリーブオイルをフライパンに入れて熱する。少し油が温まってきたら、にんにく、ローズマリー（少しだけトッピング用に残しておく）を入れる。さらに水気を切ったじゃがいもを入れ、弱火でじっくり揚げ焼きにする。

④じゃがいもに火が通ったら、油を切って器に盛りつけ、塩こしょう、残りのローズマリー、パセリをふりかけて、できあがり。

【レシピ 35　カルトフィ プラジティ ク ローズマリン（Cartofi prăjiți cu rozmarin）…ポテトフライ ローズマリー添え】

スパ クレマ デ ブロッコリー（Supă cremă de broccoli）…ブロッコリーのポタージュ

ブロッコリーといえば、ルーマニアに渡航する前は、「茹でてマヨネーズにつけて食べる？」「何かと炒める？」くらいしか食べ方が思いつかなったのですが、ルーマニアの肉断食の時期に、このスープを伯母から習いました。

肉断食の時期の 40 日間は野菜のみを食べるわけではないのですが、どうしても野菜料理に特化すると、レパートリーが増えない悩みも出てきそうです。

しかし、私に料理を教えた伯母は、コック歴 30 年のベテランであり、敬虔なルーマニア正教徒の家庭だったので、たくさん美味しい野菜料理を教えてもらえました。とても感謝しています。

【材料 4 人分】

ブロッコリー 1 房、じゃがいも（中）1 個、玉ねぎ 1/2 個、にんにく 1 かけ、水 600cc、ハーブブイヨン 大さじ 1 ½、塩こしょう適量、キャノーラ油適量、砂糖小さじ 1

【つくり方】

①玉ねぎ、にんにくはみじん切り。じゃがいもは皮を剥き、粗みじんに切って、水にさらしておく。ブロッコリーは小房に分けておく。

②じゃがいもは、電子レンジで加熱し、柔らかくしておく。

③キャノーラ油を鍋に入れ、玉ねぎ、にんにくを入れて炒める。玉ねぎが透明になってきたら、じゃがいも、水、ハーブブイヨンを入れて煮立てる。

④じゃがいもにもよく火が通ったら、ブロッコリーを加えくたくたになるまで煮る。一度鍋から取りだし、ミキサーにかける。もう一度鍋に戻し塩こしょう、砂糖で味を調えて、できあがり。

【レシピ36　スパ クレマ デ ブロッコリー（Supă cremă de broccoli）
　　　　…ブロッコリーのポタージュ】

★ブロッコリーの効能★

　ブロッコリーは健康面だけでなく、美肌やダイエット効果も期待できると
言われています。

　まずはビタミンCが非常に豊富に含まれていることでも知られています。
グラム単位で見てもレモンより多く、食べる量からすると、非常に効果的で
す。ビタミンCには、疲労回復、免疫力UPによるかぜの予防、ガン予防、
老化防止に効果があります。

　また次にあげる栄養素としては、赤血球をつくる栄養素である「葉酸」も
多く含まれることで知られています。最近では、葉酸は妊娠している女性に
とって、重要なビタミンであることがわかっており「造血のビタミン」とも
呼ばれているそうです。

　今回ご紹介したスープも、たくさんこの栄養価の非常に高い「ブロッコリ
ー」がたくさん食べられます。夏は「ビシソワーズ」のように冷たくして飲
んでも美味しいです。

レシピ37

マゼレデ ポスト（Mazăre de post）
…グリンピースの肉断食レシピ

【材料4人分】
　グリンピース400g、ニンジン1/2本、カリフラワー1房、玉ねぎ（中）
　1個、水300cc、にんにく1かけ、ハーブブイヨン大さじ1½、塩こしょ
　う適量、キャノーラ油適量、白ワイン大さじ2、ローリエ1枚

【つくり方】
①玉ねぎと、にんにくはみじん切りに。フライパンに油をひき玉ねぎがきつ
　ね色になるまで炒める。
②ニンジンは粗みじん、カリフラワーは適当な大きさに切り、軽く沸騰した
　お湯で、ゆがく。水を切っておく。
③グリンピースを缶詰から取りだし、水を切り①の中に②とともに入れる。
④フライパンで①‐③に軽く火を通し、水300cc、ハーブブイヨン、トマト
　缶、ローリエを投入し、中火で暫く煮詰める。
⑤火が通ったら、白ワインを鍋のふちに1周分入れ、最後に塩こしょうで味を調える。

【レシピ37　マゼレデ ポスト（Mazăre de post）…グリンピースの肉断食レシピ】

グヤーシュ デ チウペルチ シ カルトフィ
（Gulas de ciuperci și cartofi）
…マッシュルームとポテトのグヤーシュ

このグヤーシュは、元々はハンガリーから伝わったスープですが、ルーマニアにはハンガリー人が多く住む地域もあり、このスープも飲まれています。

【材料 4 人分】

じゃがいも（中）2 個、ニンジン 1 本、玉ねぎ大 1 個、パプリカパウダー小さじ 2、トマトペースト小さじ 2、赤ワイン大さじ 6、トマト缶 250 ｇ、パプリカ赤 1 個、キャノーラ油適量、ハーブブイヨン大さじ 1 ½、ローリエ 2 枚、塩小さじ 2、クミンパウダーふたつまみ、カイエンヌペッパーふたつまみ、こしょう少々、水 400cc

【つくり方】

①玉ねぎ、ニンジン、パプリカはみじん切りにする。
　じゃがいもは、粗みじんにして水にさらしておく。
②フライパンにキャノーラ油を入れ、油が温まったら、玉ねぎ、ニンジン、パプリカを投入し、すべての野菜がしんなりするまで炒める。
③②にパプリカパウダー、トマトペースト、ハーブブイヨンを加えてさっと炒め赤ワインを加える。水分を飛ばしたらトマト缶を加え、再び水分を飛ばす。
④③にじゃがいも、ローリエ、水 400cc を加え、煮る（中火→弱火）。野菜にとろみがつくまで、たまにかきまぜながら、コトコト煮る。
⑤最後に、クミンパウダー、カイエンヌペッパー、塩こしょうで味を調える。

ムサカ デ カルトフィ シ チウペルチ
（Musaca de cartofi și ciuperci）
…じゃがいも、マッシュルームのムサカ

【材料 4 人分】

ナス 2 本、ソイ（大豆）ミート 1 ½ カップ、玉ねぎ 1 個、じゃがいも 4 個、マッシュルーム 5 個、にんにく 3 かけ、トマトピューレ 350 g、ナツメグ小さじ 2、黒こしょう少々、乾燥オレガノ小さじ 2、ローリエ 2 枚、フレッシュパセリ適量、オリーブオイル適量、ヴィーガンシュレッドチーズ 100 g、熱湯（ソイミート戻し用）3/4 カップ、水 150cc

【つくり方】

①ナスは 2cm の厚さに切り、塩こしょうを少々振った後、油で軽く炒める。

②じゃがいもは、皮を剥き 2cm くらいの輪切りにし、沸騰したお湯で軽く火を通しておく。マッシュルームは薄切りにしておく。

③ソイミートをフライパンで空炒りした後、ボールに移し、熱湯 3/4 カップを入れ、7 - 8 分置く。

④玉ねぎとにんにくはみじん切りし、オリーブオイルで炒め、キツネ色になってきたら、マッシュルームを投入。マッシュルームに火が通ったら③のソイミートを入れた後に、トマトピューレを投入して、さらに炒める。

⑤④に 150cc の水を加え、塩、黒こしょう、ナツメグ、オレガノ、ローリエを加え、煮詰めて水分を飛ばす。

⑥①のナスを耐熱容器に敷きつめて、その上に火を通したじゃがいもを敷く。

⑦その上に⑤を加え、ヴィーガンシュレッドチーズをふりかけ、刻んだパセリとオリーブオイルをふりかけ、200℃のオーブンで約 20 分焼いて、できあがり。

【レシピ39　ムサカ　デ　カルトフィ　シ　チウペルチ
　　　　(Musaca de cartofi și ciuperci)
　　…じゃがいも、マッシュルームのムサカ】

★ムサカについて★

　この「ムサカ」という料理は、日本でもポピュラーな料理でいうところの
「グラタン」に似ています。

　「ギリシャ」が発祥と連想される方も多いかとは思いますが、元々は“中東”
が発祥です。

　アラビア語で「冷やしたもの」を意味する「ムサッカア」で、「サッカア」
（冷たくする）という動詞に由来すると言われています。

　ギリシャを始めとして、ルーマニア、トルコ、セルビア、ブルガリア、ボ
スニアなど様々な国で食べられており、ギリシャやセルビアなども、ルーマ
ニアと同じ「正教（オーソドックス）」を信仰しているため、やはりこのム
サカは、普段はひき肉などを入れて食べます。

　肉断食の時期には、今回ご紹介しています「ヴィーガン」スタイルのムサ
カを食べています。

チョルバ デ ヴァルザ アクラ（Ciorbă de varză acră）
…ザワークラフトのチョルバ

【材料4人分】
　玉ねぎ（中）1個、パプリカパウダー小さじ2、にんにく1かけ、セロリ
1/2本、マッシュルーム4個、白ワイン大さじ2、ザワークラフト（缶詰）
150ｇ、 ローリエ2枚、ハーブブイヨン 大さじ1、オリーブオイル適量、
塩少々、黒こしょう適量、水800cc

【つくり方】
①玉ねぎと、にんにくはみじん切りにする。
②マッシュルームとセロリは粗みじんに切る。
③熱したフライパンにオリーブオイルを入れ、①と②を加えて軽く炒める。
　パプリカパウダーを投入し、味をなじませる。
④③に水を切ったザワークラフトを加え、更に火を通す。
⑤水800ccを鍋に入れ、④を投入し、ローリエ、ハーブブイヨンを加えて、
　中火→弱火にし、30分ほど煮る。
⑥最後に塩こしょうで味を調え、白ワインをふりかけ、できあがり。

★ザワークラフトについて★
　ザワークラフトは、ドイツと日本でいう「キャベツのお漬物」です。もち
ろんルーマニアでも各スーパーで入手できますが、ドイツの人たちと比べて
あまり食べない印象でした。
　ただ発酵したキャベツ（お酢につけたわけではない）は、健康の強い味方。
発酵食品には「腸」の動きを整える効能があり、このスープは私も肉断食中
に、よく飲んでいました。

アフィネ ペリウーシャ ク ラプテ デ ソイア
(Afine periuță cu lapte de soia)
…豆乳とブルーベリーのスムージー

【材料4人分】

豆乳（無調整）550cc、バナナ1½本、ブルーベリー60ｇ、蜂蜜大さじ2、
ミントの葉6－8枚

【つくり方】

①バナナはある程度の大きさに切る。

②ブルーベリーをよく洗い、①のバナナと豆乳、蜂蜜をミキサーに入れ、滑
らかになるまでよく混ぜる。

③最後にミントの葉と、ブルーベリーを散らして、できあがり。

【レシピ41　アフィネ ペリウーシャ ク ラプテ デ ソイア (Afine periuță cu lapte de soia)
　　　　…豆乳とブルーベリーのスムージー】

サラタ デ スフェクラ シ カルトフィ（Salată de sfecla și cartofi）
…ポテトとビーツのサラダ

【材料 4 人分】

ビーツ（缶詰）100 g、じゃがいも中 2 個、イタリアンパセリ 1 パック、ワインビネガー大さじ 1/2、塩こしょう少々、豆乳大さじ 1

【つくり方】

①ビーツは缶詰から取りだし、水気をきり 1 口大に切っておく。

②じゃがいもは皮を剥き、 1 cm の角切りにし、沸騰したお湯で柔らかくなるまで茹でる。

③②の水気をよくとり、ボールで①と豆乳を混ぜ、塩こしょう、ワインビネガーで味つけ。

④器に盛りつけ、最後にイタリアンパセリを散らして、できあがり。

★じゃがいもの効能★

日本でもポピュラーな「じゃがいも」は、ルーマニアでも、スープやサラダになったり、揚げたり、炒めたり、いろんな料理で大活躍です。

現在のルーマニアでの主食は、パンかママリガ（トウモロコシ粉でできたもの）ですが、食料が現在のように豊富に手に入らなかった頃は、じゃがいもが主食として食卓にのぼることも多かったそうです。じゃがいもには、意外と思われるかもしれませんが、ビタミン C、ビタミン B1, B6 も豊富に含まれているため、フランスのじゃがいもは「大地のりんご」とも呼ばれています。

ビタミン C の含有量はりんごの 5 倍という数値にもかかわらず、でんぷんに含まれているため、保存や加熱によって成分が壊れにくいです。またビタミン以外に、でんぷん、食物繊維、たんぱく質、鉄分なども含まれています。

【レシピ 42　サラタ デ スフェクラ シ カルトフィ (Salată de sfecla și cartofi)
…ポテトとビーツのサラダ】

レシピ 43

トッカーナ デレグメ ディン ヴァーラ（Tocană de legume de vară）
…夏野菜のトマトシチュー

【材料 4 人分】

じゃがいも (中) 1 ½ 個、パプリカ 1 ½ 個、玉ねぎ 2 個、ズッキーニ 1 本、
ナス 1 本、トマト中 1 個、イタリアンパセリ適量、トマトピューレ 1/2 缶、
塩こしょう適量、水、オリーブオイル適量、ハーブブイヨン大さじ 1 ½

【つくり方】

①玉ねぎはみじん切り、オリーブオイルで狐色になるまで炒める。

②パプリカ、ナス、パプリカ、トマトは粗みじんに切り、じゃがいもは賽の
目に切る。じゃがいもは少し電子レンジで加熱しておく。

③①に②(じゃがいも以外)を混ぜ炒める。パプリカがしんなりするまで長時間炒める。

④③にじゃがいもを入れ、トマトピューレ、水適量を入れ、ハーブブイヨン、
塩こしょうで味を調える。

⑤ 10-15 分ほど更に煮込み、イタリアンパセリを散らして、できあがり。

【レシピ 43　トッカーナ デレグメ デ ヴァーラ（Tocană de legume de vară）
…夏野菜のトマトシチュー】

ドブレチェル シ ヴィネテ ウンプルーテ
(Dovlecei si vinete umplute)
…ナスやズッキーニをくりぬき、オーブンで焼いたもの

今回はヴィーガンレシピですので、肉はなしですが、ヴィーガンチーズを加えることで味にアクセントも出て、美味しくいただけます。

【材料 4 人分】

米ナス 2 個、ズッキーニ 2 本、ヴィーガンシュレッドチーズ 100 g、玉ねぎ（中）1 個、トマトピューレ大さじ 3、マッシュルーム 10 個、にんじん 1 本、塩こしょう適量、オリーブオイル適量、タイム適量、フレッシュパセリ適量

【つくり方】

①耐熱容器に、ナスとズッキーニを半分に切って乗せ、蓋をして電子レンジでしんなりするまで加熱する。

②玉ねぎ、ニンジン、マッシュルームは、みじん切りにする。
　フライパンを熱して、オリーブオイルを入れて、玉ねぎ、ニンジン、マッシュルームの順番で炒める。玉ねぎが、キツネ色になるまでゆっくり炒める。

③①で熱したナスとズッキーニを取りだし、容器をつくるため、中身をスプーンでくりぬき、小　さく切って、②と一緒に混ぜて、更に炒める。

④くり抜いた中身を小さく切ったナスとズッキーニが②に馴染んだら、トマトピューレ、塩こしょう、タイムを混ぜて、更に炒める。

⑤④を③でできたナスとズッキーニの容器の中に詰める。

⑥ヴィーガンシュレッドチーズをたっぷり乗せ、パセリをのせ約 200℃のオーブンで約 20 分焼いて、できあがり。

レシピ 45

スパグロアーサデナップシカルトフィ（Supă groasa de nap și cartofi）
…かぶとじゃがいものポタージュ

【材料4人分】

かぶ2個、じゃがいも（中）1個、玉ねぎ1/2個、にんにく1かけ、水
600cc、ハーブブイヨン大さじ1½、塩こしょう適量、キャノーラ油適量、
砂糖小さじ1

【つくり方】

①玉ねぎ、にんにくはみじん切りに。かぶは、皮を剥いて薄切りに。

②じゃがいもは、電子レンジで加熱し、柔らかくしておく。

③キャノーラ油を鍋に入れ、玉ねぎ、にんにくと②を入れて炒める。玉ねぎ
　が透明になってきたら、じゃがいも、水、ハーブブイヨンを入れて煮立てる。

④じゃがいもにもよく火が通ったら、かぶを加えくたくたになるまで煮る。
　一度鍋から取りだし、ミキサーにかける。もう一度鍋に戻し塩こしょう、
　砂糖で味を調えて、できあがり。

【レシピ45　スパ グロアーサ デ ナップ シ カルトフィ（Supă groasa de nap și cartofi）
　　　…かぶとじゃがいものポタージュ】

第4章
ルーマニア人の食生活＆伝統行事

1 昔からの食文化を守り続けるルーマニア（発酵食品など）

季節と共に生きる

　ルーマニアも、日本と同じく美しい「四季」が存在します。

　ルーマニア語では、春は「Primăvară」、夏は「Vară」、秋は「Toamna」、冬は「Iarnă」といいます。

　もちろん地域にもよりますが、「ルーマニアの人々は、現代社会においても『四季』と共に生きている人々なのだな」と感じました。

　例を挙げます。春には、手に入るたんぽぽの葉 (サラダに入れたり、お茶にする)、玉ねぎ、ねぎ、にんにくなどが、天然抗生物質だと言われています。

　食事に、にんにく、ねぎなどをたくさん取り入れることによって、冬にたまった老廃物を排出し、血をサラサラにし、免疫力を上げるのです。

　第 1 章でご紹介しました「post（肉断食）」ですが、これは元々は宗教的な理由での肉断食でした。復活祭前の 7 週間にあたる四旬節（レント）の時期に、たくさんの春野菜を摂取することで、高いデトックス効果が得られるというわけです。

　なお、昔のルーマニアでは、冬は野菜もあまり採れなかったため、夏や秋に収穫した野菜、きゅうり、パプリカ、キャベツなどを発酵させておき、寒い冬にそれらを食べて、乗り切ったとされています。現代においては、日本と同様 1 年を通して、様々な野菜を入手することができます。

　ルーマニア料理の代表的な料理といえば、この発酵させたキャベツを使ったロールキャベツ「サルマーレ」が有名です。

　普段は肉と米をタネとしてトマトとともに煮込みます。クリスマス前のとても寒い季節に行われる肉断食のときには、夏や秋に発酵させた野菜のみを食べることによって、ルーマニア人たちのデトックス方法となっているのです。

発酵食品を毎日の食生活に取り入れている

　この長期（基本、春は7週間、冬は40日間）にわたる肉断食の時期に、発酵した「野菜」を食べるということは、宗教的な理由だけではなく、人間の身体の摂理にかなっているのです。このことを知ったときは「なるほど！うまくできているな！」と思ったものです。

　この前の節で「発酵食品」というキーワードが、文章の中に出てきたと思います。私がルーマニアに住み始めて、最初に驚いたのは、ルーマニアの人々は、発酵食品を、うまく毎日の食生活の中に取り入れているということです。

　日本で発酵食品というと「納豆」「甘酒」「味噌」「漬物」などが、頭に浮かぶかと思います。ルーマニアに移り住むまで、自分の中では、「ヨーロッパだから、発酵食品といえば、チーズやヨーグルトかなぁ」と動物性の発酵食品しか頭に思い浮かびませんでした。

　ところがルーマニアでは、野菜を使った発酵食品をよく摂取します。

ルーマニアの代表的料理「サルマーレ Sarmale」（ロールキャベツ）

　発酵キャベツを使ったよく食べられているロールキャベツ「サルマーレ」は、普段は肉と米をタネとして、トマトとともに煮込みます。肉断食の季節には、タネには肉を使わず、米、ねぎ、キノコなどを炒めたものを使用し、これを発酵キャベツに巻いて食します。

　キャベツの約92パーセントは水分であると言われていますが、水分は体の老廃物を運ぶ役目をするため、デトックスには欠かせない必須アイテムです。

　さらにキャベツにはミネラル、ビタミン、食物繊維、葉酸が含まれており栄養価も満点。発酵させることで、キャベツのデトックス効果は、より高まります。

ルーマニアのお味噌汁存在「チョルバ Ciorbă」

　発酵食品を使った料理で、よく知られているのは、チョルバというスープ。これはルーマニアの酸味のあるスープです。

　日本でいうお味噌汁のように、味を変え（トマトベースなどが多いですが、

サワークリームベースや、ヨーグルトベースなどもあります）、入れる具材を変えて、よく食べられています。

　普段は、鶏肉、豚肉や肉団子を入れることが多いのですが、肉断食の時期は、たくさんの野菜や、小麦粉のお団子（日本でいう「すいとん」のような感じのもの）を入れます。

　このスープは、ふすま（小麦の糠）やビール酵母、水などを発酵させてつくるボルシュ（bors）という調味料を入れ、酸味をつけるのが特徴です。他国ではあまりみないです。

　ボルシュは、基本各家庭でつくりますが、ルーマニアも現代家庭は、結構忙しいため、簡単にチョルバがつくれるように、ボトルにはいったものや、粉末タイプなども販売されています。

　ルーマニアのモルドヴァ地方にある夫の実家では、お義父さんがこのボルシュをつくって、ボトルに入れて保管していました。

　日本の糠漬けや、味噌と同じように各家庭によって、若干異なるので、その味の違いこそが「家庭の味」となるのだろうなと感じています。

　ボルシュ（bors）という発酵飲料を使うことにより、腸の調子を整えて、デトックスの効果があるとされています。ロシアのボルシチは、塩キャベツ、トマトなどで酸味を出しているため、ルーマニアのスープの酸味の出し方とは異なるのです。

ルーマニア産アカシアの蜂蜜

　ルーマニアのアカシアの蜂蜜（図表11）は、日本の山田養蜂場でも取り扱っているくらい、日本でもポピュラーです。ルーマニアのハチミツは、純度が高く、抗菌作用があることでも、知られています。

　ハチミツには便通を改善し、肝臓や大腸、そして血流に蓄積されがちな有害物質を体外に排出する働きがあります。

　またハチミツに含まれる酵素には、脂肪を分解し体内をデトックスするという機能があることも知られています。

　このルーマニアの蜂蜜を、肉断食中に取り入れることにより、より身体のデトックスに役立てています。世界一般的なヴィーガンの定義としては、蜂

蜜は食べてはいけない食品とされていますが、ルーマニア正教のダニエル司祭にも確認したところ、蜂蜜は肉断食の時期に食べてもよいとされているそうです。

　ですから、第2章、第3章のレシピの中に、蜂蜜を使ったレシピを紹介させていただきました (図表11)。

【図表11　はちみつナッツ漬け】

2　ルーマニア人は手づくりがお好き！？

スーパーで何でも手に入る時代でも、手づくりできるものは何でも手づくり！

　前項で、ルーマニアに住んでみて、驚いたことの1つに、ルーマニアの人々が日常生活に「発酵食品」をうまく取り入れていることをご紹介しました。

　次に驚いたのは「つくれるものは、何でも手づくりする」ということでした。

　共産圏の時代 (1947-1989) は、配給制でしたし、共産圏の時代の前にも、食べ物は潤沢に皆の手に入る時代ではなかったようですが、現代のル

ーマニアにおいて、外資系のスーパー（フランス系で言うと、カルフール Carrefour, ドイツ系だとメトロ Metro など）に行けば、世界のあらゆるものが手に入る状況です。

それでもルーマニアの人々は、昔ながらの方法で「自分たちでつくれるものは、何でもつくる！」という精神にあふれています。

例えば、ジャムはもちろん、ピクルスや西洋わさび（ホースラディッシュ）、果実のコンポート、コンフィチュール（砂糖と完熟果実を混ぜて果汁を浸出させた後、煮込んで瓶詰めしたもの。どろっとしたジャムのような感じ）など。

ジャムも、いちごやベリー系、梨、またはくるみのジャムなどです。親戚の家には、大きなくるみの木があります。ルーマニア人は本当にくるみが大好きで、色々なお菓子や料理にくるみが使われます。

お肉を食べられない肉断食の時期には、第2章のレシピで紹介しましたように、食感を楽しむためにも、ご飯の中にくるみを入れて、キャベツで巻いたロールキャベツを食べます。

また「コゾナック」というルーマニア人が大好きな伝統的な（パウンド）ケーキがあるのですが、その中にも、たくさんのくるみが使われています。

木から落ちたくるみを拾い、みんなでトンカチのようなもので中身を取りだし、それをその家のお母さんに渡して、ジャムをつくってもらったのは、今でも楽しい思い出です。

ルーマニアの郊外の一軒家におじゃますると、だいたいベースメント（地下倉庫）があります。そこには夏や秋の間に収穫した野菜や果物でつくったジャム、ピクルス（図表12）、コンポートなどの瓶詰めが所狭しと並べられています。

それを興味深く見つめていると、「これ1本あげようかー」とか「どれか欲しいものあるー？」と気前よく、お土産に持たせてくれました。

ルーマニア人は、気さくで親切な人が多いです。私も言葉のわからない土地での暮らしが、とても不安でしたが、ルーマニアの皆さんの気さくさ、親切さ、明るさにとても救われました。

手づくりの物って、やはりほっこりするというか癒されます。お店で売っているものにはない、温かさがあると思います。

【図表12　ピクルス】

3　ルーマニア式「ハーブやスパイス」の活用

ルーマニアは「ハーブ天国!?」

「ルーマニアの発酵食品」「手づくりが好きな国民性」の次に驚いたのが「ハーブ」や「スパイス」をお料理にたくさん使います。お料理だけでなく、ホットワインにもふんだんにスパイスも使います。

実は私は日本に住んでいたときから、和食党で、それまでスーパーなどで販売されているハーブ類やスパイス類を見る度に「これはどうやって使うのかなー?」とぼんやりと考えながら素通りしていました（笑）。

カナダ・ニュージーランドに住んでいた頃は、アジア人が多いエリアに住んでいました。日本食材が比較的手に入りやすい地域だったので、価格が高いとは思いつつ、せっせと和食をつくって食べていました。

ルーマニアに行ってからは、アジア系の食材は全く手に入らなかったので、ルーマニア料理にすっかり嵌まってしまって、料理がうまい伯母にルーマニ

ア料理を習いました。そのとき、日本のスーパーで素通りしていたハーブ類やスパイス類を、どのように使うのか初めて学んだのです。

ルーマニア料理にまず欠かせないのは「ディル」

　ルーマニアに移り住む前は、ディルと言えば北欧料理のサーモンの付け合わせというイメージだったのですが、ルーマニア料理にもたくさんディルが使われます（図表 13,14）。

　本書には紹介できませんが、お魚だけでなくお肉にもありますし、本書の第 2 章と第 3 章のレシピの中にもたくさん取り入れられているように、見た目もきれいですし、サラダやスープの味のアクセントにもなります。

【図表 13　ディル】

【図表 14　ディルの効能】

　カルボンやリモネンといった薬効成分が含まれており、沈静、消化促進、利尿などの効能＆動脈硬化を防ぐ効果もあり。

ハーブなどの効能

　ルーマニア料理でよく使われるハーブは「タイム」。お魚にも、お肉にも万能です。野菜料理には欠かせません（図表 15）。

　チョルバのようなスープに欠かせないのは「イタリアンパセリ」（図表 16）。

　その他、「ローズマリー」（図表 17）、最近日本のスーパーでもたまに見かけるようになった「タラゴン」（図表 18,19）などもよく使われますね。

【図表 15　タイムの効能】

　強い抗菌作用があることでも知られているハーブ。風邪やインフルエンザなどの感染予防、のどの痛みなどの諸症状の緩和に役立ちます。うがい薬に使われることもあります。お肉・お魚・野菜料理なんにでもよく合います。

【図表 16　イタリアンパセリの効能】

　緑黄色野菜の中でも最も鉄分が多く、ビタミンEも豊富で強い抗酸化作用があり、体内の活性酸素も抑制する。動脈硬化などの予防にも役立ちます。

【図表 17　ローズマリーの効能】

　若返りのハーブとも言われており、美肌効果も。じゃがいもやお肉料理の他にも豆料理にも合う。

【図表 18　タラゴンの効能】

　食欲、健胃、強壮の効果あり。お肉・魚料理だけでなく、トマト料理にもよく合います。

【図表 19　タラゴン】

　またルーマニアのお味噌汁的存在チョルバですが、このスープには欠かせないハーブがあります。それは「レウシュテアン」というのですが、匂いはクセがあるものの、スープの中に入れるといい塩梅になります。

　日本では残念ながら手に入らないため、私はルーマニアに行ったときに、粉末のドライタイプのものを大量に購入してきます。

ミチ（肉団子）

　「スパイス」に関しては、お肉料理にはなりますが、「ミチ」という日本でいう"つくね"のような肉団子があります。お肉は、鶏肉ではなく豚・牛で、時にはラム肉でつくります。

　私は、大豆ミートで代用し、この料理をつくっています。この肉団子には、「パプリカパウダー」（図表21）や「クミン」（図表22）や「コリアンダー」（図表23）などをふんだんに使います。たくさんのスパイスが入ったミチ（ルーマニア式肉団子）はエスニックな気分が味わえますよ（図表20）。

【図表 20　ミチ（肉団子）】

【図表 21　パプリカパウダー効能】

　非常にたくさんの栄養素が含まれており（ビタミン A, B1, B2, ナイアシン、カルシウムなど）ダイエット効果、血液の正常化、免疫力の向上、美肌効果など。

【図表 22　クミン効能】

　食欲増進や装荷促進。抗がん作用などあり。胃痛や腹痛にも効果あり。

【図表 23　コリアンダー効能】

　健胃、整腸作用あり。便秘や下痢など胃腸トラブルを緩和させる効果あり。

4　ルーマニアの「食の安全」

食品がつくられる工程が「目に見える」

　私がルーマニアに在住していたときに最初に住んでいたモルドヴァ地方は、ルーマニアの「北東部」に位置する、かなりの郊外、いわゆる「田舎」でした。

　前に記述させていただいたとおり、義理の父は、葡萄を育てていてワインをつくったり、自分の敷地内に、豚、鶏、牛を数頭飼っていて、市場に卸したりはしていませんでしたが、自分たちで食べる分だけ家畜を飼育し、捌いて調理をします。

　すべての野菜ではありませんが、じゃがいもやニンジン、玉ねぎなどよく食卓に出てくるような野菜も育てていました。

　ルーマニアの人たちは、ジャムであったり、ペーストやコンポートや、ボルシュ（小麦の糠でつくった発酵飲料）西洋わさび、ピクルスなど、手づくりできるものは昔ながらのスタイルで何でも手づくりします。

　あまり世の中で知られていない、かつ非常に残念なことだ思いますが、日本は「食品添加物の消費量と認可数が世界一位、遺伝子組み換え食品の消費量も世界一位」なのです。

　スーパーに並んでいるリーズナブルだけれども、口当たりのよい食品の中には、どんな工程でつくられているかわからないまま、食品添加物、遺伝子組み換え、はたまた野菜に関しても農薬がたっぷりなものを、気づかないうちに身体に摂取しているかもしれないと思うのです。裏のラベルを見れば書いてありしますが、確認してもわからないものもありますよね。

　もちろん、ルーマニアでも、国民のすべての人々が、自給自足の生活を送っているわけではありません。都会では、土地の関係で難しいです。ちなみに義父の家は「半自給自足」の生活を送っています。

　すべての人々が、何でも手づくりする生活を送っているわけではありません。義父の家や、親戚の家に遊びに行ったときに、野菜をつくっていたり、

ワイン、ジャム、ピクルスなどをつくっていたり、家畜を飼っていたり「食」が遠いところではなく、凄く近くにあると感じることが多いのです。

　私は、戦後生まれ。日本の戦前のことはよくわかりませんが、昔の日本の食文化は今よりももっと可視化されていた、というか、どんな材料で、どんな工程があって、どんなふうにつくられているかをもっと身近に知ることができたと思うのです。

　いくら口当たりがよく美味しくても、実際につくられている工程が全く見えないというのは、やはり非常に怖いことだと私は感じるのです。

　ルーマニアに住んでみて感じたのは「食」に関して言えば、日本のほうが「衛生面」では、優れていると思うのですが「安全面」に関していえば、日本もルーマニアに見習うところがたくさんあるのではと思います。

　添加物、人口着色料、農薬、遺伝子組み換え食品に関しても、つくる工程をきちんと見ることができれば、何かを口にするときに安心ですし、工程を見た上で、食べるのか、食べないのかを「選択」することができると思うのです。

5　ルーマニアの伝統行事

日本にはないイベントがたくさん！

　ルーマニアに移り住む前は、あまりにも情報が少なすぎました。かの「地球の歩き方」も、同じヨーロッパのフランス・パリで１冊あるのにも関わらず、かたや東欧は、「セルビア・ブルガリア・ルーマニア」の３ケ国で、パリの１冊分よりも本の厚さが薄いのです。

　ルーマニアの人たちは、どんな生活を送っているのか、どんな人たちなのか、どんな年間行事があるかなど、全く何もわからない状況で渡航しました（笑）。

　１年通して住んでみると、だいたい「こんなイベントがあるのねー」とわかるようになってきました。

1月

　まず、1月1日は新年のお祝いです。ただし日本の「お正月」のように大々的にはお祝いしません。

　ヨーロッパの中では、元旦だけお休みの国も多いですが、ルーマニアでは基本は1月の1‐2日がお休みで、3日からは通常営業になります。

2月

　2月は、14日のバレンタインデーは、最近でこそ若い人たちの間では盛り上がっているようですが、元々はカトリックのお祝いですので、ルーマニア正教徒は、盛大にお祝いはしないようです。

　しかし、他の西洋諸国と同じく、男性から女性にお花やアクセサリーを送ったり、恋人同士でお食事をしたりする日になっています。日本のように、バレンタインに女性からチョコレートを贈ったり、ホワイトデー自体は存在しません。

3月

　3月には、1日に春の訪れをお祝いする「マルティショール (Mărtisor)」（迎春）というロマンティックな言い伝えのあるお祝いがあります。私は、1年を通して、この行事が一番好きです。

　まだまだ寒さの残るルーマニアの3月初旬ですが、街中がたくさんの美しい花であふれ「あぁ、春が来るのだなぁ」と、とても華やいだ気持ちになったものです。

　この日は、冬の象徴の「白」、春の象徴の「赤」の組み紐を使って飾りやカードをつくり、家族や友人、恋人同士で交換します。

　この「マルティショール」の言い伝えは、雪の残る3月1日の山村で、娘たちが手首に紅白のリボンをつけて、野山に出かけ、木々の枝に巻き残したリボンを最初に見つけた若者と結ばれるというロマンチックなものです。

　またその1週間後の3月8日には、また素敵なイベントがやってきます。それは「女性の日」（Ziua femeii）というのですが、この日は国際女性デーにも認定されているのです。

この国際女性デーは、1904年、ニューヨークで婦人参政権を求めたデモが起源となり、国連によって1975年3月8日に認定されたものです。
　ちなみにルーマニアには、日本の5月にある「母の日」がありません。この「女性の日」に、お母さんや、奥さんに感謝の気持ちを込めて、お花やカードなどを送ったりします。また友達同士で小さなプレゼントを贈り合ったりもします。

【図表24　マルティショール】

4月・5月

　3月の2つの大きな行事が終わった後には4月もしくは5月に「復活祭（イースター）」のお祝いがあります。ルーマニア正教徒にとって、1年の中でも最も重要な行事は、この「復活祭」（ルーマニア語でPaste）になるようです。

　第1章で詳しくお話したように、復活祭の前に肉断食も行います。ちなみに復活祭は、毎年日付が異なります。

　西方教会、ローマ・カトリック教会では、春分の次の満月後の最初の日曜日ですので、3月か4月のことが多いです。

　ルーマニア正教会が属する「東方協会」は西方教会とは計算方法が異なるため、西方教会から遅れて4月か5月になることが一般的です。

　ちなみに2021年は5月2日が復活祭になります。

　地方に行きますと、今でも民族衣装に身を包み、教会へ行く人たちの姿を見ることができます。

　なお復活祭のときには、普段はあまり食べることのないラム（羊）が食卓にのぼります。羊というのは、宗教とすごく関係が深いとされていて、命の象徴という意味合いがあるようです。

　ルーマニアの食卓には「赤く色づけした茹で卵」がでてくるのですが、この茹で卵を乾杯するように、カチンとぶつけ合って祝う風習があり、手持ちの複数の茹で卵を回りの人と1人ひとりぶつけあい、一番多くの卵が割れた人が、その年、最も幸運が訪れるというジンクスがあります。

　ルーマニアに住んでいたとき、やはり伯母の家でも義父の家でも、この赤い茹で卵が出てきました！

　なお行事ではありませんが、夏になると皆ビーチに繰り出しますが、黒海沿岸の「コンスタンツア」という都市のビーチリゾートは、大変人気があり、ヨーロッパ各地からバカンスでたくさんの観光客で賑わうスポットです。

　またルーマニアでは、復活祭の時期に、本物の卵を使ってつくられた職人さんによる美しい「飾り卵」（錐やピンなど先のとがったもので、上下に小さな穴をあけ、卵の中身を出して、洗浄し、乾かしてから絵つけをしたもの）が雑貨屋さんやお土産屋さんなどで購入することができます。

9月・10月

　秋になると９月から子どもたちは新学期が始まり、芸術大国ルーマニアではオペラ鑑賞を気軽に安価で楽しめます。9-10月はこの「オペラ」が開幕するシーズンでもあります。

　10月には、ハロウィンのお祝いです。このハロウィンもバレンタインと同様、かつては大々的にはお祝いしていませんでしたが、最近のことではありますが「ハロウィンと言えば、ドラキュラ。ドラキュラ発祥の地はルーマニア！」ということで、若い人たちを中心に、ハロウィンは大変な賑わいを見せているそうです（ルーマニアの親戚談）。

　10月はその他にも10月14日には「聖パラスキーパーのお祭り」があります。ルーマニア北東部にある、ルーマニア第3の都市「ヤシ」の大聖堂のお祭りで、国内で最も大きいお祭りの1つと数えられています。

　また地域によっても異なりますが、10月から11月上旬には、ルーマニア各地でビール祭りが開催されます。ビール祭りと言えば、日本ではドイツが有名ですが、ルーマニアのビール祭りもかなり盛り上がっていますよ！ルーマニアのお酒は、ワインの消費量が多いですが、国産のビールもなかなか美味しいです。

12月

　1年の締めくくりではありませんが、12月には「クリスマス (Craciun)」がやってきます。ルーマニアの人にとって、春の復活祭についで、とても大切な年間行事の1つです。

　クリスマス前には、各地域でクリスマスマーケットが開催され、これもまた日本ですとドイツのクリスマスマーケットが有名ですが、ルーマニアでも、他のヨーロッパ各地のマーケットと同じく、たくさんの屋台が並び、ホットワインや食べ物を楽しんだり、ルーマニアの雑貨を購入するなど盛り上がります。

　なおクリスマス当日には「コリンダ」というクリスマス聖歌（英語でいうところのクリスマスキャロル）を、子どもたちがグループになって歌いながら各家庭を回り、お菓子やお小遣いなどをもらいにやってきます。

私がモルドヴァバ地方に住んでいた頃には、中学生くらいの子どもたちが、日本でいう獅子舞のような踊りを披露してくれました。また親戚の家に遊びにいったり、ご馳走を食べたりします（宗教上の肉断食期間を経て）。

　またクリスマスの日には伝統衣装を着て（もちろん平服でいく地域も多いです）教会へクリスマス礼拝に行きます。モルドヴァ地方に住んでいたときは、司祭さまが、各家庭を回って、お祈りをしてくださったりしていました！

　私がルーマニアのクリスマスを過ごして感じたのは、クリスマスのお料理が日本でいうおせち料理のような存在でもあり、このお祝いはキリストが洗礼を受けたとされる 1 月 6 日まで続きます。

　ルーマニアのクリスマスは、12 月 25 日ですが、ロシア正教を信仰するロシアでは、このキリストが洗礼を受けた次の日がクリスマスになります。同じ「正教」でも日付が違うのは面白いです！

　こうして大きくて大切な行事「クリスマス」が終わると、12 月 31 日に大みそか（Revelion）があり、1 年は終わりを迎えます。

　次に年間行事ではありませんが、欠かせない大切な「行事」についてご紹介したいと思います。

洗礼式

　まずルーマニアに住むルーマニア正教徒にとって、この世に生を受けてから非常に大切なのは「洗礼式」、ルーマニア語で、Botez といいます。ルーマニア正教徒になったことをお祝いする非常に大切な儀式になります。

　赤ちゃんが生まれてから、まだ首も座っていない、だいたい生後 2 か月から 4、5 か月の間に行うのが一般的なようです。

　洗礼式をする教会によっても、洗礼式のスタイルは若干異なるようですが、本当に銀の桶か樽のようなものに入っているぬるま湯に、洗礼を受ける赤ちゃんを司祭さまが抱っこして、ジャボンと浸けるのです。

　うちの子どもたちは、基本日本在住ですので、ルーマニアに一時帰国中に、洗礼式を受けさせたのですが、タイミングを逃してしまいました。1 歳半のときの洗礼でしたので、お湯に浸けられたときにギャン泣きしてしまい、洗礼式の途中で息子は吐いてしまった苦い思い出があります（図表25）。

【図表 25　息子の洗礼式】

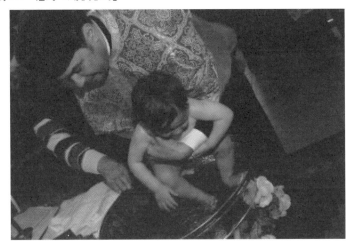

　だから、物心つく前、生後2〜5か月くらいのときに「洗礼式は終わらせたほうがよいのだな」と納得したのでした。

　ちなみにルーマニアの人は、生まれたときにミドルネームをつけることが多いですが、もし生まれたときについてない場合でも、洗礼式のときに洗礼名（クリスチャンネーム）をつけてもらうことができます（ちなみに娘 Lisa のミドルネームは「Sara」といいます）。

　第1章で「ルーマニア人は踊るのが好き」と前述しましたが、この洗礼式の後のレセプションも例外ではありません。

　息子、娘ともに洗礼式の後のレセプションはだいたい同じでしたが、夕方5時くらいにスタートし、たくさんのご馳走とお酒が並び、皆でフロアにて踊ります。

　各自休憩をはさんで、とにかく踊ります（笑）。それが朝まで続きます。

　レセプションによっては、朝どころか一度休憩して（一度自宅に帰って、シャワーを浴びたり、着替えたりして）次の日も、そのままパーティーをやったりします。

　ルーマニアの人のイベントにかける「気迫？」のようなものを感じたものです。

結婚式のレセプション

　教会で結婚式が終わった後（役所に結婚の届をして、承認され終了というシンプルなカップルもいます）のレセプションも同様です。

　夕方から朝までは鉄板で（笑）、どのレセプションにおいても、みんなとにかく踊りまくる。あまり踊りが得意ではない私は、いつもこのレセプションに苦労しましたが、出席するうちに慣れてきました。

　とにかく結婚式や洗礼式のレセプションに招かれたときには、朝までコースは確実ですのでエナジードリンクを飲んだりして、乗り切ってました(笑)。

誕生日パーティー

　ルーマニアに住んでいたときに、印象に残っていたイベントは子どもの「1歳の誕生日パーティー」です。日本もそうですね、昔は乳幼児の死亡率が高かったために、日本でも1歳の誕生日は、お餅を背負わせて写真を撮ったり、と盛大にお祝いするでしょう。

　ルーマニアでの1歳のお誕生日のお祝いは、日本のものと比べて、より盛大です！　自宅でやることもありますし、洗礼式や結婚式のレセプションと同じく、大きな会場を貸し切って盛大にやることもあります。

　家族だけではなく、親戚や友人たちも招きます。

　主役の赤ちゃんが疲れてしまいそうですが、赤ちゃんなので、途中でミルクを飲んだり、ベビーカーで眠ったりみたいな感じで過ごしていました。

　私も親戚のお子さんの誕生日祝いに招いていただきましたが、「銀のスプーン」「ペン（もしくは鉛筆）」「紙幣（お札）」などを赤ちゃんの前に並べて、「何を取ったら将来何になる」のような儀式をしていました。

　銀のスプーンを取ったら、将来食べるものに困らない。お札を取ったら、将来お金持ちになる。ペンを取ったら、将来は物書きになる……だそうです。

　ちなみに、私が参加した誕生日パーティーの赤ちゃんは、お札を取っていました。将来お金持ちになること間違いなしですね！

　やはりこの誕生日会のパーティーでも、会場で開催した場合は、ルーマニアの人たちは夜通し、踊りまくります。私自身、踊りは苦手ですが、ちゃんとパーティーにお呼ばれしたら、輪の中に入って踊るようになりました(笑)。

6 ルーマニア正教徒が、お祝いに欠かさず食べるもの！

復活祭・クリスマスで必ず食卓にあがるもの

　第1章でもお伝えしましたとおり、ルーマニアでは復活祭・クリスマスに、本当にこれでもか！　というくらいのご馳走を食べます。

　復活祭では普段食卓にあがることがない「ラム（子羊）」が、食卓に並び、クリスマスでは豚の丸焼きが出てくることが一般的ですが、この他に欠かせないのが、次のものです。

★サルマーレ（ルーマニア式ロールキャベツ）

★サラダ　デ　ブフ（ルーマニア式ポテトサラダ）（図表 26）

　今回、紹介させていただいたレシピは、すべて「ヴィーガン」ですので、動物性の食材が含まれているものは一切取り上げていません。

　今回肉断食バージョンのサルマーレとサラダ デ ブフのレシピを参考に、ぜひつくってみてください。

【図表 26　サラダ　デ　フフ】

7　ルーマニアのトリビア

ルーマニアに住んでみて驚いたこと

　ルーマニアに移り住む前は、ほとんど情報がなかった中で、実際に住んでみて驚いたことを、いくつかお伝えさせていただきます。

①自分の生まれた誕生日以外に「名前」の誕生日がある！

　第1章で写真で紹介しましたルーマニア正教のカレンダー（図表9）の中には、自分の名前の誕生日も記されています（例えば、うちの息子のミドルネームは「Constantin」なのですが、コンスタンティンさんの名前の誕生日は5/21です……というように）。

　ただし、ミドルネームは基本的にはキリスト教の名前に結びついていることが多いのです。結びついていない名前の人には、名前の誕生日がありません！

　ちなみにどんな風にお祝いするかというと、普通の誕生日とほぼ同じです（笑）。ケーキを食べて、プレゼントをもらうそうです。

　ちなみに、夫の妹のミドルネームはElenaなのですが、息子のConstantinと同じ日が名前の誕生日なので、ルーマニアで暮らしていたときは一緒にお祝いしていました！

　1年に2回誕生日があるなんて、何だか羨ましいですね！

②女性の名前の最後のアルファベットは必ず「a」！

　これもルーマニアに住んでから驚いたことの1つです。ルーマニアの女性の名前はほぼ（多分99％くらい）名前の最後に「a」が付きます。

　かの有名なモントリオールの妖精、体操金メダリストのコマネチさんも「Nadia」ですし、私の友達、親戚をあげてみても、「Cristina, Mona, Jana, Dana, Roxana, Bianca, Maria, Elena, Eliza,,,」といったように私が出会った女

性は、すべて名前の最後のアルファベットは「a」で終わっていました。

　ちなみに私の旧姓は「三浦 (Miura)」で下の名前が「朋子（Tomoko）」ですので、ルーマニアの人は下の名前が「Tomoko」ではなく上の名前のMiura が下の名前だと勘違いしてしまうようで、義父が結婚した当時、夫に「Miura は元気にしてるか？」と聞いてきたそうで、夫が「なぜ上の名前で呼ぶのか？」聞いたところ「なんだ。Miura は下の名前じゃないのか！」と驚いていたそうです。

　また私がルーマニアで ID Card を取得するときに、役所にはパスポートのコピーも渡し、そこには First name: Tomoko　Last name: Miura と記載してありましたが、できあがった ID カードには、姓と名が逆に書かれていました（笑）。もちろんその後に直してもらいましたが……。

　娘が生まれたときにも、「日本でも使われていて、アルファベットにしたとき、最後に a が付く名前……」と悩んだ末に「Lisa（理沙）」と命名しました。「漢字」に関しては、姓名判断の本を読んだりしながら、書きやすく一番しっくりきたものにしました。本人もこの名前気に入ってくれているようです。

　他にルーマニアに移り住んで驚いたこと、というか素敵だなと思ったのは、「ルーマニア刺繍」テーブルクロスや、枕、ベットシーツ、民族衣装（ルーマニア語で ie—イエといいます）などです。その刺繍はすべてが手仕事でつくられており、その中には根気と繊細さが垣間見えます。

　また以前夫から、「民族衣装の刺繍のパターンによって、どこの町出身の人なのかわかる」という話を聞いて、「へー。なかなか面白いな」と思ったことがあります。

　ルーマニアの刺繍も、色々な種類があるらしいのですが、有名なのは、第一次世界大戦以前はハンガリー領であったルーマニア、トランシルヴァニア西部のカロタセグ地方に伝わる「イーラーショシュ」の刺繍が有名です。

　ルーマニアに移り住んで驚いたことは、まだまだありますが、紙面の関係でこのあたりで終わりにします。

　なお、10 年ほど前から続けているブログ（http://romanian.exblog.jp）にも、ルーマニアトリビアを載せていますので、もし興味があったらぜひ見にきてください！

おわりに

皆さん、本書をお手に取っていただき、最後までお読みいただいたこと、本当に感謝しています。

本書の中でだけでは、私が心から皆さまにお伝えしたかった「ルーマニア」、また「ルーマニア料理」の魅力すべては、お伝えしきれなかったかもしれません。

しかし、私が南半球ニュージーランドで初めて触れたルーマニア人、ルーマニアの文化。そして実際にルーマニアで暮らすうちに、出会った数々のルーマニア料理、ルーマニアヴィーガンのデトックス料理の数々。ルーマニア人の人懐っこさ。ルーマニアの壮大な自然の魅力。中世のヨーロッパの雰囲気をそのまま残した国の佇まい。そんなルーマニアのたくさんの「魅力」の一部をお伝えできたのではないかと考えています。

私の人生の中に「ルーマニア」という未知の国が突然飛び込んできてから早13年。

ルーマニアに移り住んでから、私は2つの夢が頭に浮かんできました。

1つ目は、日本に帰国したら、日本の皆さんの多くが縁もゆかりもないであろう「ルーマニア」と「ルーマニア料理」の魅力を伝えるべく、「ルーマニアの家庭料理教室」を開催すること。

この夢は比較的、早く叶い日本に帰国して2年目に、自宅を中心にルーマニア料理教室を開講。おかげ様で、教室運営は10年目に入り、東京のみならず、大阪、神戸、大分、はたまたオーストラリアでもお教室を開講することができ、約870名の皆さまに、ルーマニア料理をお伝えすることができました。

そして2つ目の夢は、ルーマニア料理の本を出版すること。日本にある材料で手軽にルーマニア料理を楽しんでほしい。キッチンにおいて、いつでも読みたいときに手に取れるような本がいいなと構想を膨らませてきました。

そしてお教室開講から10年経った今、こうして夢が叶い、皆さまにルーマニア料理をお伝えすることができ、本当に嬉しく思っています。

そして、自分もこの食生活を始めるようになってから1年という時間をかけて、約6キロの減量に成功し、血管年齢も実年齢より25歳若い、22歳という驚きの年齢になりました。日本でも簡単に手に入る「野菜」をたくさん食べて、どんどん健康になる方が増えたらいいなという気持ちも込めて、本書を書きました。

　以前の私がそうであったように、日本から遠く離れた馴染みのない未知の国、東欧「ルーマニア」が、ルーマニアの野菜たっぷりレシピを通して、少しでも身近なものになってもらえたら、こんなに嬉しいことはありません。

　本書を出版するにあたって、有限会社インプルーブの小山睦男様、中谷唯生様、また素晴らしい写真を撮影して下さいましたフォトグラファーの生田哲也さん、サラキッチンスタジオの小西敦子さん、素敵な帯の推薦文を書いてくださった ヨシペル・タティアナ駐日ルーマニア特命全権大使、私が所属する一般社団法人日本ルーマニア親善協会代表理事の菅野宏一郎さんに感謝申し上げます。

　またルーマニアの肉断食について、殆ど日本では情報がない中、色々と教えて下さった国立市にある「ルーマニア正教会日本支部」のコニエ・ダニエル司祭、本書のルーマニア語のレシピタイトルの監修をしてくださったブラショフ在住のビオ・エリーザ先生に心より御礼を申し上げます。

　そして最後に、嫁である私にルーマニアの料理を伝えることなく、天国に旅立ってしまったルーマニアの義母、また義母の代わりに私にルーマニア料理の数々を教えてくれたシェフだった伯母に、本書を捧げたいと思います。

　本当にありがとうございました。

2021年4月
　　　　ルーマニア料理研究家＆料理教室主宰　スクタリウともこ

著者略歴

スクタリウ　ともこ（すくたりう　ともこ）

1973 年埼玉生まれ。成城大学文芸学部芸術学科卒業。
ルーマニア料理研究家。一般社団法人日本ルーマニア親善協
会理事。2018 年より FM 西東京「ルーマニア☆マニア」ラ
ジオパーソナリティ。
大学卒業後、7 年勤めていた会社を退職。児童英語講師の資
格を取得するのが目的でカナダ（約 3 年）へ。その後日本へ
帰国後、ニュージーランド（約 2 年）に在住。そこで現在の
伴侶であるルーマニア人と出会い結婚し、ルーマニアに転居。
ルーマニア料理の美味しさに開眼し、コック歴 30 年の夫の伯母からルーマニア
家庭料理を習う。
建前がなくストレートな物言いをする国民性に最初は傷ついたが、現地の人々と
の距離を縮めてくれたのは、早世した義理の母の代わりに寄り沿ってくれた夫の
叔母の料理。次第にルーマニア人の人懐っこさ、温かさ、文化・習慣に触れルー
マニアのファンになる。
2010 年に日本へ帰国。2011 年より自宅にてルーマニア料理教室を主宰。以後、
約 900 人の方々にルーマニア料理を伝えている。また 2014 年からは自宅の料
理教室だけに留まらず、出張の料理教室、ルーマニア料理ケータリング、ルーマ
ニアワイン会なども開始。一男一女の母。

ルーマニア料理専用 Youtube チャンネルはこちら→

ルーマニアアクッキング
ヴィーガンデトックスレシピ45

2021年 5 月24日 初版発行　2021 年 6 月 16 日 第 2 版発行

著　者	スクタリウ　ともこ　©Tomoko　Scutariu
発行人	森　　忠順
発行所	株式会社 セルバ出版

〒 113-0034
東京都文京区湯島 1 丁目 12 番 6 号 高関ビル 5 B
☎ 03（5812）1178　FAX 03（5812）1188
http://www.seluba.co.jp/

発　売　株式会社 三省堂書店／創英社
〒 101-0051
東京都千代田区神田神保町 1 丁目 1 番地
☎ 03（3291）2295　FAX 03（3292）7687

印刷・製本　株式会社 丸井工文社

Printed in JAPAN
ISBN978-4-86367-661-9